SÍ, ME INDIGNO

¡¿Y AHORA, QUÉ?!

Preciada Azancot

Antonio Gálvez

Título Original:
SÍ, ME INDIGO, ¡¿Y AHORA, QUÉ?!

Editado por: Tulga3000 EDITORES, S.L. www.tulga3000.com

© 2011-2016 Preciada Azancot y Antonio Gálvez

© 2016 de la presente edición Tulga3000 EDITORES, S.L.

ISBN-13: 978-1530798438

ISBN-10: 1530798434

Otros títulos editados por Tulga3000 Editores[1]:

COLECCIÓN LA CIENCIA:

"El MAT: Ciencia del Dirigente del Siglo XXI"

"El Esplendor de lo Humano"

"El Dirigente Civilizador"

"El Estratega Pacificador"

"Metametodología MAT de la Innovación y de la Creación"

"Librarse de las enfermedades y de paso, aterrizar en la sensatez"

COLECCIÓN EMOCIONAL:

"El Universo de la Seguridad: Haciendo Retroceder el Temor"

"El Universo del Desarrollo: Eliminando el Dolor"

"El Universo de la Justicia: Erradicando la Ira"

"El Universo del Estatus: Conquistando el Orgullo"

"El Universo de la Pertenencia: Guardando el Amor"

"El Universo de la Plenitud: Instalándose en la Alegría"

"Sociópatas de cercanías"

CUENTOS:

"La niña que hacía reír a Dios"

---

[1] Algunos títulos se encuentran en proceso de edición en el momento de publicar el presente libro. Estarán todos disponibles a lo largo del año 2016.

"Cuentos de la abuela"

COLECCIÓN DIÁLOGOS:
"Un cielo de andar por casa, en cada fase de nuestra vida. Parte primera".
También escrito junto con Antonio Gálvez.

Todos ellos de Preciada Azancot.

Obras de Preciada Azancot en francés:
"La petite fille qui faisait rire Dieu"
"Le point zéro: MAT, Métamodèlle d'Analyse Transformationnelle"

Obras de Preciada Azancot en inglés:
"The Little girl who made God laugh"
"The Universe of Safety: Making Fear Retreat"
"The Splendour of the Human Being"
"Yes, I'm outraged. Now what?"

Todos estos títulos puede adquirirlos en Amazon y directamente en nuestra Web – www.tulga3000.com – tanto en formato papel como en formato e-book

"A la amistad verdadera, la nuestra"

Índice

PRÓLOGO

Preciada Azancot y Antonio Gálvez son inseparables amigos y socios empresariales en la vida real (www.mat-cachet.com). Juntos han creado empresas y desarrollado sueños y proyectos. En esta ocasión han decidido escribir a dúo este libro-manifiesto a título puramente personal y testimonial, uniéndose a -e intentando trascenderlo- ese gran e imparable movimiento de indignación que sacude al Mundo. Pues opinan que es maravilloso y vitalista denunciar las tremendas injusticias que doblegan la humanidad en esta -según ellos-, ya no crisis que podría superarse, sino derrumbe de una civilización y surgimiento de otra, que requiere -a juicio de los autores- nuevos valores y nuevas instituciones para concebir y edificar una BIO-DEMOCRACIA y una nueva filosofía de vida orientada hacia un BIO-HUMANISMO creado a imagen y semejanza de la naturaleza, evolucionada y en permanente mutación, del ser humano.

En la tradición socrática que es consustancial al espíritu del trabajo que hacen juntos y al puente generacional entre la memoria genética del mundo civilizado y los hombres, mujeres y niños de hoy, todos ellos necesitados de opciones, han concebido este libro en forma de diálogo entre el planeta Tierra (escrito por Antonio) y el Pueblo (expresado por Preciada), entendiéndose éste como lo más avanzado, consciente, vivo, indignado, creador, solidario y veraz de la raza humana, sea cual sea la ideología, procedencia, credo, raza, estatus social o edad de sus integrantes.

NUESTRA VOZ CUENTA

- **La Tierra**: ¿No te das cuenta de lo preocupada que me tienes? Llevo ya tiempo advirtiéndote sobre los peligros que se ciernen sobre ti, y tú, ni caso, como el que oye llover.

Sólo en los últimos meses, el tsunami en Fukushima, los terremotos en Haití y Chile, la erupción del volcán Eyjafjallajökull, el monzón en Pakistán, la sequía en Rusia, las inundaciones, temporales, huracanes y tornados en Estados Unidos, por no remontarme a hace unos años con el terremoto de Sumatra-Andamán, creo que son muestras más que suficientes como para que me hagas caso, ¿no te parece?

Pues sí, estoy aterrada, indignada y preocupada por ti. En ese orden preciso:

Aterrada porque no ves que tu civilización hace aguas por todas partes y que es hora de que surja una nueva civilización, mucho más centrada en ti y en mí, que al fin y al cabo, seré tu hogar por unos cuantos millones de años más. Mi miedo surge y se te muestra con lo que tú denominas "desastres naturales", que son, en realidad, manifestaciones de mi ser tembloroso por ti y por mí.

Indignada por cómo te tratas a ti mismo y por cómo me tratas a mí. Si el respeto, la sensibilidad, el cuidado, la justicia, la admiración, la entrega, y la felicidad no os lo aplicáis entre vosotros, pues voy lista, porque lo que uno no se aplica adentro, nunca será capaz de aplicarlo ni de hacerlo florecer afuera.

Y preocupada, pues cuando, como es el caso ahora, una civilización se está derrumbando, toca pasar a un nuevo modelo de civilización y, en lugar de aferrarse a los valores e instituciones periclitados, dar un paso adelante hacia más humanismo, más biofilia, más agradecimiento por la oportunidad histórica de cambiar hacia mucho mejor. ¿Y qué siento? Siento que ninguno de vosotros – bueno, casi ninguno-, quiere dar ese paso adelante. Vale que los movimientos de indignación popular contra tiranos en los países árabes y el 15M español sean un pasito adelante en la buena dirección, pero falta unión de sentimientos, falta sentido de pertenencia hacia lo humano. De ahí mi preocupación, pues esto ya lo hemos vivido. Y los derrumbes de civilizaciones cuando no hay perspectiva y proactividad, siempre han llevado a violencia, hambruna y crisis profundas.

¿Entiendes mi miedo, mi irritación y mi preocupación?

- **El Pueblo**: ¡Éramos pocos y parió la abuela! Ya sabía yo que con tanto terror al paro que ya tiene cruzada de brazos a toda una generación útil y preparada; con la aprensión obsesiva a las enfermedades eruptivas y de resonancia moralista que los más rancios presentan como apocalípticos castigos del cielo; con tanto sentimiento de impotencia ante burbujas de especuladores seudo-economistas que alían intereses de gobernantes y de banqueros para hundir al pueblo en una crisis económica cada vez más incomprensible e incontrolable –pues en qué cabeza humana cabe que los mismos desaprensivos que la han provocado con el único fin de sentirse más listos que los que han gobernado antes que ellos y para, de paso, saltar a la cima del estatus de nuevos millonarios, sean precisamente los que puedan aportar soluciones éticas y justas al escándalo moral y financiero que ellos mismos provocan-; con tanto político parásito y cínico que ya no representa mi voz ni cuida de mis intereses sino que lucha como un predador más en la jungla de la politiquería y me hace pelear por él contra sus contrincantes igualmente desaprensivos para hipotecar mi potencia valiéndose de mi voto; con tanta mala conciencia -creada y alimentada por medios de (des)información manipuladores- que me hace comer aceleradamente y con remordimiento la comida de plástico que logro llevar a la mesa de mis hijos, como si fuera yo quien le estuviera quitando el pan de la boca a tanto niño africano que muere de inanición en cada minuto y a tanto inmigrante ilegal que arriesga su vida en pateras para buscar algún trabajo que nadie más se digna a hacer y así poder enviar sustento a su paupérrima familia; con tanto intermediario que monopoliza las fuerzas vivas de la relación fluida y natural entre productores y consumidores y acallan mi entendimiento de la lógica, haciéndome pagar sumas ingentes por cualquier producto mientras ahogan a los propios productores y sumen en la miseria a los consumidores ya sean estos religiosos, sociales, culturales o domésticos; con tanta propaganda orquestada por ideologías que han separado a los hermanos entre religiones enfrentadas y guerras ideológicas que al final dieron el poder a los mismos desaprensivos sedientos de poder bajo diferentes máscaras, sí, ¡ya sabía yo que me volverían loco, pues ahora he aquí que oigo voces! ¡Voces sobrenaturales, cual Juana de Arco o Moisés ante la Zarza ardiente! ¿Quién eres y de qué me acusas? ¿A quién hablas si sólo yo te oigo y siento miedo de ti? ¿De qué civilización hablas si jamás ha habido alguna, ya que siempre fui su carne de cañón y el alquitrán para edificar sus autopistas y catedrales? ¿No crees que estoy suficientemente indignado como para atreverte a desafiarme más?

- **La Tierra:** Querido pueblo, no, no estás loco. Y no, ni te acuso ni te desafío. Soy yo, la Tierra, tu tierra, tu planeta, tu hogar. Y no sabes la alegría que me das respondiéndome; si me respondes es porque me oyes y si me oyes quiere decir que podemos conversar y si podemos conversar quiere decir que podemos colaborar, y eso me llena de ilusión. Y tu indignación me llena de esperanza, pues es el primer paso para erradicar los males que denuncias.

Te pido que confíes en mí, pues no sólo soy tu hogar y tu sostén, sino que llevo en mis entrañas a todos los seres humanos que por mí pasaron, desde el más humilde al más regio, desde el más iletrado al más ilustre, desde el más zafio al más genial. Y todos ellos son tus ancestros y de todos ellos hay algo que aprender a hacer o a no hacer. ☺

Y por ello, no sólo me considero tu madre sino también tu abuela. Y como abuela, con mi memoria destilada, tu bagaje de milenios y tus ganas de ser, te propongo que hagamos equipo invencible para postular esa civilización soñada por ti, ¿quieres?

- **El Pueblo:** - ¡¿Qué si quiero?! No sólo lo quiero, sino que lo ansío. No sólo lo ansío, sino que lo anhelo. Sí ... pero, hay un "pero" enorme y descomunal: mira, y escucha bien, tú que guardas en tu seno los huesos de mis antepasados, tú que te dices mi abuela. Si de verdad lo eres y de verdad quieres que te reconozca como tal, me voy a presentar con mis credenciales y tú verás si es a mí a quien te dirigías o no. Soy el pueblo. Y como tal, soy la raza humana en su totalidad, no una clase social sometida, que lucha con envidia solapada contra pudientes, no, ni siquiera soy una generación más, sacrificada a la imbecilidad y la miopía de sus progenitores, soy toda la estirpe humana que no ha traicionado su proyecto vital y su razón de ser: la de evolucionar siempre a mejor y en la paz para todos. Soy reyes justos, pues los hay en este mismo momento, y banqueros filántropos, y burgueses, hacendados y propietarios honestos, soy todos los genios que han salido de mí y cuya memoria genética está grabada en mi consciente colectivo y que se indignan por mi boca, soy todos los hambrientos humillados a quienes les niegan la dignidad de lo humano, soy instituciones valiosas que han servido a mejorar a los humanos. Y no soy la carne de cañón de una nueva lucha de clases, ni de religiones, ni de ideologías, ni cordero que esquilmar para provecho de intermediaros listillos y aprovechados. Aspiro a una civilización a imagen y semejanza del esplendor de lo humano porque afirmo que aún no ha habido ninguna antes.

Quiero aprovechar el derrumbe actual de una no-civilización más en la historia, para edificar una BIO-CIVILIZACIÓN basada en un bio-humanismo hecho a imagen del funcionamiento orgánico del humano y a la altura de sus verdaderas motivaciones. No soy tan sólo un ecologista que se quiere dar buena conciencia hablando en tu nombre. Y, bueno, ¿qué tienes que responder? Y ¡ah!, olvidaba lo esencial: no quiero contigo asociaciones oportunistas contra enemigos sino a una SOCIA al servicio de la justicia, de la dignidad y de la paz. ¿Qué me dices, madre-abuela? Yo sólo nací y he evolucionado para socio eterno, no para aliado circunstancial. ¿Qué me dices tú?

- **La Tierra:** Bendito seas -sin connotaciones religiosas, ¿eh?-. Y bien sé quién eres y te reconozco, pues aunque tremendamente joven para mi edad, tú eres razón de mi ser. Siempre me dirigí a ti y siempre se interpusieron intermediarios que me "interpretaban" a su conveniencia. Siempre me dirigí a ti y hasta hoy, sólo uno entre millones supo sentirme desde el fondo de su alma y con todo su espíritu. Te hablo de seres humanos que tendrás hoy muy presentes y que, como meros individuos, como millonésimas de ti, han sido capaces de cambiarte a lo largo de los siglos. Pitágoras, Sócrates, Aristóteles,

Confucio, Lao-Tsé, Homero, Buda, Moisés, Jesús de Nazaret, Mahoma, Copérnico, Shakespeare, Galileo, da Vinci, Einstein, son sólo algunos de los pocos centenares de individuos que a lo largo de tu existencia han sabido percibir, aunque sea sólo en parte, ese esplendor humano del que me hablas y que han dialogado, no sólo conmigo, que tampoco soy tanta cosa, sino con el Universo entero. Y por eso, y sólo por eso, un solo individuo es capaz de cambiarte. Así eres de agradecido y de dúctil, y por eso te amo.

Así que, el que me hables tú, como una sola voz, es para mí señal de gran regocijo, pues ¿qué no será capaz de hacer el pueblo, la raza humana en su totalidad, si se pone a ello?

Yo SOCIA, sí, claro que sí. En la medida de mis posibilidades; tampoco te vayas tú a llevar a engaño. Puedes contar conmigo para alcanzar tus metas, no tanto como tierra, la Tierra, pequeño planeta de una pequeña estrella en una pequeña galaxia, que también, sino como depositaria de todo el esplendor y de toda la miseria que en mí se ha ido guardando de ti. Y pienso que puedo ser buena socia tuya, tanto apuntando los peligros que pueden llevar a miserias pasadas o peores, como señalando las oportunidades que apunten hacia y afiancen esa BIO-CIVILIZACIÓN que siempre ha estado latente en ti.

Si me aceptas, ¡tu socia soy!

- **El Pueblo:** ¡Y yo el tuyo! ¡Qué bonito y qué feliz es sentirse solidario, unido, sostenido, cuidador y cuidado para un recorrido que, de buena fe, anhelamos que sea total y definitivo! Me acabas de hacer muy feliz y te doy cita mañana para ver, mano a árbol y pie a roca y soplo a lápida venerada, y también mirando al esplendor de las estrellas a nuestro alrededor, cómo podemos comenzar a trabajar juntos y para siempre.

... Y EXIJO SEGURIDAD ÉTICA

- El Pueblo: Buenos días querida Socia Tierra, querida madre-abuela, debido a tu venerable edad y por ser la gran dama que eres, será un placer cederte el paso; te propongo comenzar tú y te invito a examinar conmigo -no sé si estarás de acuerdo en ello- la base de todo lo bueno que logremos: el cómo no tener pavor, terror, miedo, localizando sus causas y erradicándolas, para así acceder a lo primero que necesita un ser humano, y no sólo humano: el sentirse a salvo, defendido y a buen resguardo. Me refiero a que sin SEGURIDAD duradera, no podemos ni siquiera detenernos a pensar, ni mucho menos a soñar con la felicidad a la cual todos tenemos derecho. ¿No lo crees así, Socia? Y si sí ¿a qué le tienes miedo?

- La Tierra: Gracias querido Socio Pueblo por tu deferencia. El arranque no puede ser más oportuno, pues sin seguridad no hay piso sobre el que construir. ¿Te imaginas que yo no tuviese la seguridad de que es la neguentropía la que sostiene el Universo? ¿Te imaginas el pavor al vacío, al caos, a la nada sin esa seguridad?

Te voy a ser muy sincera, pues los años no me permiten andarme por las ramas: En el Universo, lo creamos o no, existe un orden y ese orden permite, como ejemplo minúsculo, que tú y yo existamos. Y no es momento de entrar en discusiones estériles entre creacionistas y evolucionistas, ni en las últimas teorías cosmológicas, ya que tú, como pueblo, percibes claramente que existe un orden de lo humano, creado o evolucionado -o ambos a la vez- eso no importa.

Y ahí está mi mayor miedo: el que ese orden, esa armonía, se destruya. Y en nuestro minúsculo nivel, esto pasa por romper el perfecto equilibrio existente en nuestra distancia al Sol, en nuestro movimiento a su alrededor, en nuestro movimiento de rotación, en los componentes y características de nuestra atmósfera.

Y digo minúsculo nivel porque realmente, somos pequeños ☺: La Vía Láctea tiene entre doscientos mil millones y cuatrocientos mil millones de estrellas como nuestro Sol. Y la propia Vía Láctea es una de las de alrededor de cuarenta galaxias que forman el Grupo Local, que a su vez forma parte, junto con otros cien grupos o cúmulos de galaxias del Supercúmulo de Virgo, que a su vez... En fin, dejemos estas cifras mareantes y volvamos a aterrizar en mí, como muchas veces dices ;-)

Esa pequeñez no nos exime de mantener nuestro equilibrio y nuestra armonía, al revés, tendría que encantarnos obedecer a las leyes que la rigen y garantizan; y el perfecto equilibrio existente ya está poniéndose en entredicho con la contaminación producida por los seres humanos y el imparable cambio climático, donde, una vez creado el Protocolo de Kioto, resulta que los países más contaminantes son los que más dudas tienen en ratificarlo...

Y si esto me da miedo, ¿cuánto más miedo siento ante las armas de destrucción masiva y las letales armas químicas? ¿No se requiere, para tener seguridad verdadera, la manera de garantizar la paz entre los seres humanos?

Estos son mis miedos mayores, ¿cuáles son los tuyos?

- El Pueblo: ¿Mis miedos? Pues yo creo que estoy en el nivel más alto en la escala del terror: el que debería haber sentido Caperucita en la cama del lobo, al confundirla con su abuelita cariñosa. Pues, ¿hay algo más aterrador que darse cuenta de que lo que más hay que temer hoy en día es precisamente lo que más debería y podría -si no fuese un usurpador, un estafador o un farsante- garantizar nuestra seguridad? Porque bien está que le tengamos miedo a la enfermedad, a la muerte, a la soledad, al dolor, a la traición, a la ignorancia, sí, bien está. Al menos cuando una enfermedad se presenta, no lo hace con signos de bienestar, de fuerza y de lozanía, o si un ladrón entra en nuestra casa, no se pone la máscara de nuestro hijo o de nuestro mejor amigo. Pero como es el caso hoy, cuando son precisamente los gobernantes elegidos democráticamente, los directores de grandes organizaciones e instituciones, el sistema liberal y capitalista y también el comunista, por el cual fuimos a dos guerras mundiales y entregamos decenas de millones de vidas humanas, el sueño de liberalismo, de libertad de elegir en qué y cómo trabajar, qué y cómo pensar, el derecho de voto por el cual vertimos mares de sangre desde la esclavitud, los representantes políticos en quien delegamos la confianza de defender y proteger nuestros intereses personales y colectivos, los legisladores y los jueces a quienes recurrimos confiados para sentirnos dignificados, los venerados supuestos sabios que nos facilitan el entendimiento de los designios de nuestro Creador, sí, cuando son esos mismos que se alían entre sí contra la potencia y la cordura del Pueblo, en nombre de intereses patéticos de jugadores de póker haciendo faroles contra sus idénticos compinches, con el único propósito de ser el más listillo de los predadores de la jungla, entonces sí es como para no sólo sentir miedo, sino pavor. Es como para sentirse acorralado y sin ninguna salida. Es el horror al caos, sí, al CAOS con mayúsculas, a lo absurdo que pintó Kafka en sus premonitoras novelas. Porque ¿de qué defensa hablamos? El ejército que debería ser el ángel de la custodia y el máximo profesional de la paz, ataca a nuestros niños indignados frente a nuestras propias ventanas o se los lleva a guerras foráneas, gratuitamente fabricadas para servir intereses ajenos a toda justicia y a toda dignidad. Los resistentes que dicen luchar por su pueblo se escudan tras escuelas, hospitales y mujeres y llaman guerra santa el suicidarse matando a inocentes que nada tienen que ver con sus desgracias y padecen miserias parecidas o peores, porque disfrazadas de patriotismo y de libertad, de parte de sus gobernantes que fabrican burbujas especulativas que los dejan arruinados del día a la noche, sin casas y con la obligación de seguir pagando su ruinosa hipoteca con su pensión de parado. Los investigadores se ven inundados de dinero si se trata de inventar más armas de destrucción masiva y reducidos a mendigar inútilmente si se trata de encontrar remedios para erradicar enfermedades mortales, las universidades levantan murallas infranqueables de selectividad para formar profesionales que tendrán una sola garantía: la de ir al paro y la de haber desaprendido la poca intuición creativa que tenían para buscar opciones nuevas. Los genios, que antes se conocían todos entre sí, hoy en día se ignoran y se sienten aislados y abandonados, porque sólo funcionan redes de cotilleo y ligoteo, que éstas sí, pululan. ¿A qué tengo miedo, dices? ¿A qué no tengo miedo? podrías preguntarme, porque no podría ya encontrar un solo ejemplo de seguridad que darte. Ni siquiera confío en mí. Y es más, te confieso que ya llegué al convencimiento hondo de que yo, yo soy al que más debo temer, porque creía conocerme, pero ya ni sé quién soy ni lo que valgo ni para qué valgo. Y si he de serte sincero, es así, tocando fondo, que a veces, un chispazo de luz, o tal vez de locura, me convence que en el fondo, desde Sócrates, no sólo nada ha cambiado, sino que ha empeorado. No nos conocemos a nosotros mismos, y por eso proyectamos lo más inseguro de nosotros y elegimos lo peor creyéndonos a salvo. No sé. No sé. Me siento indignado, sí, pero sin fuerzas, sin opciones, sin salidas. ¿No crees, querida tierra madre-abuela, que es como para estar aterrado?

- **La Tierra:** Sí que es grave el asunto, sí. Y tienes todos los motivos para estar aterrado. Ahora bien, desde ese miedo que sientes, vamos a ver cómo conseguir que recuperes las fuerzas, las opciones y las salidas.

El primer paso que debemos dar ya lo has dado: determinar dónde está el peligro. Si el peligro primario está en ti, porque te desconoces, tendremos como segundo paso que conocerte, que diagnosticarte, de manera que sepamos a ciencia cierta dónde, dentro de ti, están los mayores peligros y dónde están tus mayores virtudes en las que nos podremos apoyar para solventar los peligros. Una vez aclaremos este punto, habría que hacer algo similar con tus gobernantes, con tus "fuerzas vivas", para ver cuál sería la organización ideal que asegurase tu seguridad. Vamos a ello:

En tu exposición hay, creo, un diagnóstico muy acertado de la situación actual, de la cual, me permito leer entre líneas las siguientes necesidades básicas para recobrar tu seguridad:

   ✦ Sistema de gobierno bajo criterios de ética, vocación de servicio al pueblo y honestidad.

   ✦ Sistema legislativo digno, justo, equitativo, que te haga sentir que la justicia verdadera, no sólo es divina, sino también humana.☺

   ✦ Reconocimiento de los más sabios dentro de ti para que puedan guiar los crecimientos colectivos e individuales.

🖐 El ejército -el sistema de defensa- debería ser el ángel de la custodia y el máximo profesional de la paz, tal cual lo dices.

🖐 Los investigadores tendrían que focalizarse en encontrar remedios para erradicar enfermedades mortales, nuevas fuentes de energía limpia y todo aquello que vaya en la dirección de aumentar tu seguridad y tu bienestar.

🖐 Las universidades se dedicarían a enseñar cómo potenciar el crecimiento personal y la capacidad creativa de sus alumnos.

🖐 Los genios deben ser reconocidos y admirados en vida, pues, dada mi dilatada experiencia, te traen pedacitos de Eternidad, y en general, a cambio, tú los reconoces y les levantas altares sólo cuando ya yacen en mí y los más rancios académicos pueden hablar en su nombre. Y éstos lo hacen con dos finalidades que a mí, que los llevo en mi seno como hijos preferidos, me aterra y me indigna: primero alzar su soberbia sobre aquél que no han sido capaces de valorar en vida y colocarla por encima de la genialidad del silenciado -puesto que creen darle el aval de la celebridad-, y segundo, para convencernos de que el genio no es humano, de que es un ser extraterrestre y medio loco del cual asustarnos. Con lo cual, logran hacernos creer que no podemos imaginar ni crear un mundo mejor, un mundo genial. A eso sí que yo le tengo miedo, socio. Porque cuando te hipotecan la POTENCIA creadora, sólo te queda el miedo, la impotencia, la sensación de desvalimiento.

¿Qué deberíamos hacer para llegar a ese escenario soñado? Perdona, querido socio, el plural mayestático, pero es que me siento muy socia. Sé que hacer, poco puedo hacer, pero ayudarte a pensar y a reflexionar, sí, eso sí que puedo.

¿Podríamos quizás empezar por ver cuál debería ser el sistema de seguridad que te asegure la ídem? Solventado esto, ya podríamos avanzar resueltamente para buscar opciones y salidas para el resto, ¿no crees?

- **El Pueblo:** Sí, madre-abuela y antes que todo, queridísima y privilegiada socia. Pues sí, y gracias a ti, me estoy dando cuenta de que he realizado un diagnóstico, como tú dices y señalas, y no sólo de mí, que soy a la vez la víctima y la causa de todo lo demás, sino de la situación en general, de las causas de amenazas a mi integridad y a la tuya. Hablando de la mía, la interior –pues si desconozco mis debilidades y las confundo con mis fortalezas y viceversa, cualquiera puede manipularme y engañarme- y la exterior -la de confundir al lobo con el cordero y fiarme de él, o peor aún, creer necesitar de su "aval" para creer en mis propios sueños, en mis propias certezas de un mundo seguro, desarrollado, justo, creador, solidario y pacíficamente fluyente-. Y sí, como decía mi bisabuelo Sócrates, "conócete a ti mismo" y conocerás así al Universo entero, es la clave de todo.

Y a través de este diálogo, creo, o más bien sé, que lo lograré. ¿Qué digo? ¡que lo lograremos!, pues tú, tierra, ya no madre y abuela, sino niña y bebé, serás lo más entrañablemente querido y valorado por mí, pues todo en ti y desde siempre fue paciencia y amor, agua para mi sed, y alimento para mi hambre, y también memoria de evolución, y el lugar que ama por encima de todo a la luz - es decir, a la VERDAD- y siempre gira a su alrededor. Sí, socia amada, contigo descubro que por vez primera consiento en escucharte, en no estar tan sólo atento a mis morbosos diálogos internos de rumiante, en ese comerme el coco para ver cómo, una vez más, logro idear tan sólo la manera de ganar el pan con el sudor de mi frente en un valle de lágrimas. Y es tu miedo por mí y de mí que me hace despertar a la esperanza, a la potencia de mi imaginación, de mi poder creador para construir contigo un mundo digno de los dos.

En cuanto a cómo poder garantizar a nivel colectivo la seguridad máxima, creo que sería posible si las instituciones que deberían garantizar la seguridad, véase, eliminar causas de miedo a nuestra integridad, fueran regidas por un **Consejo Supremo de Seguridad** elegido por los Sabios del pueblo entre los que más sean capaces de diagnosticar el nivel de toxicidad y de valía en los que podrían y deberían gestionar la administración de un país. Ese Consejo Supremo de Seguridad no podría ser integrado por militares ni por políticos, ni por ideólogos, ni por seguidores incondicionales de dogmas religiosos, sino por filósofos sabios y desinteresados y por investigadores y descubridores del funcionamiento humano, por especialistas del alma y del comportamiento humano. Para garantizar la integridad de la Nación, de las Naciones, se necesita tener un solo atributo fuera de toda sospecha: INTEGRIDAD, vale decir, ÉTICA en acción.

Ese Consejo Supremo de Seguridad, ante todo, garantizaría que la educación de los ciudadanos gire alrededor del auto-conocimiento y de la tolerancia y encantamiento ante lo diferente del otro, del hermano, así nos enseñaría a conocer nuestras debilidades y proteger al otro de ellas, con objeto de diluirlas en nuestras fortalezas y talentos.

También dirigiría el Ejército para hacer de éste el máximo exponente de los profesionales de la Paz. Es decir, no sólo ir de modo decisivo e imparable hacia el desarme sino, además y sobre todo, ser maestro en detectar todo caos, vale decir saber detectar y diagnosticar la voluntad de poder, la compulsión de control sobre las conciencias ajenas y erradicarlos en tiempo real y sin violencia, con argumentos objetivos, con un simple diagnóstico de la toxicidad de esas conductas.

El *Consejo Superior de Seguridad*, enseñaría igualmente a amar obedecer al orden, siempre que ese orden sea el de la naturaleza feliz e inocente del ser humano y no la institucionalización de las relaciones de poder de los más desaprensivos sobre los más cándidos.

También regiría los poderes de defensa interior como la policía y los servicios de Inteligencia, para hacer de ellos los máximos ángeles custodios del orden biológico de mis integrantes.

Y, naturalmente, también regiría toda la Sanidad pública (incluyendo la Seguridad Social) para hacer de la prevención y de la apertura de la medicina a todo lo que atañe al conocimiento milenario o pionero del funcionamiento del cuerpo humano, una ciencia multidisciplinar que sepa velar por la salud integral, garantizándola.

Y, en fin, velaría para que el derecho a tener un techo sea poco menos que sagrado, imposible de ser objeto de especulación para desaprensivos, ni de chantaje para hipotecar la vida entera reducida a rembolsar un crédito cada vez más ciego, cínico y abusivo. Suena a utopía, pero no, no lo es. Es sólo ética. ¿Me ayudarás, socia, a ponerlo en términos más, digamos, terrenales?

- **La Tierra:** Sí, puede que suene a utopía, pero hablando de sonar, escucha, que si de asuntos terrenales se trata, ¡aquí está la experta! ☺

Esas instituciones de las que hablas y ese Consejo Supremo de Seguridad podrán ser una realidad en unos cuantos años, pocos, si se empieza a sembrar en la buena dirección. Medidas que creo realistas y aplicables desde ya, y que someto a tu estudio, serían:

1.- Antes de nada, fomentar institucionalmente medidas para que la población se conozca a sí misma individual y colectivamente. Y esto debe hacerse en primer lugar en los programas de educación infantil y juvenil. En los jardines de infancia, las escuelas, los colegios e institutos. Con una defensa de la infancia desde las instituciones, y no sólo del maltrato físico, sino también del maltrato psicológico. Es decir, habría que abogar por la seguridad emocional de la infancia.

Si cada individuo se conoce a sí mismo, y si cada individuo tiene un conocimiento profundo de ti (Pueblo, ser humano de ayer y de hoy) y de mí (Tierra, hogar y memoria colectiva de ti), y además tiene toda la seguridad emocional necesaria, serás capaz de saber qué políticas son las adecuadas para tu crecimiento y qué líderes necesitas.

2.- Promover políticas y sistemas de Defensa y Sanidad acordes al siglo XXI y al tercer milenio: bien dimensionados, gestionados y financiados.

Respecto a los sistemas de Defensa, inculcar desde la escuela la defensa como una misión de paz y de entendimiento, de acercamiento. Y recalcarlo más en las academias militares: La guerra es, siempre, un fracaso, y casi siempre, evitable.

Respecto a la Sanidad, apostar por una Sanidad biófila, volcada en el amor por la verdad, promoviendo una conjunción de lo mejor de las distintas medicinas orientales y occidentales, ancestrales y ultramodernas, enfocada no en luchar contra la enfermedad sino en prevenirla.

3.- Promover una defensa especial en la seguridad de los sabios y de los líderes excepcionales. La seguridad no sólo física, sino también mínimamente económica. Y esto con la creación de becas, premios y reconocimientos para los mejores. De nuevo, desde la más temprana edad.

Creo, querido socio, que, como no podía ser de otro modo, las cosas empiezan siempre desde el principio... Y por eso, mi propuesta de arrancar sembrando en las nuevas generaciones, y reeducando a las presentes, pues así se construye futuro, ¿no crees?

- **El Pueblo:** ¡Ya lo creo que sí, mi niña! Y todo ello es seguro y alcanzable si queremos. Y lo queremos.

...¡ Y EXIJO DESARROLLO INTELIGENTE !

- **El Pueblo**: Una vez garantizada la seguridad, surge una segunda motivación universal del ser humano, también presente en los elementos, en los planetas y en ti querida Socia: la de usar la mente, los recursos, los medios todos de los cuales disponemos, para lograr organizarlos y gestionarlos de la más inteligente, compasiva, sensible y eficaz de las maneras. Basta con mirarte para darse cuenta de que la fauna y la flora, los mares y los ríos, la tierra toda se adapta a las oportunidades y recursos disponibles en cada lugar y momento y, con ello florece y prospera una diversidad alucinante y prodigiosa que nos es ofrecida a los humanos, no sólo para contemplarla maravillados, sino para vivir de ella, satisfacer nuestra hambre y nuestra sed con ella. Si esa motivación de desarrollo inteligente se viera satisfecha, nada se malgastaría, nada se estropearía, nada enfermaría por desatención o descuido, nada sufriría por causa de la insensibilidad de los que, se supone, son más hábiles, especialistas y preparados para administrar los recursos del planeta, y no sólo de este planeta.

Ver lo que pasa actualmente en el mundo, absorber información aséptica y fríamente estadística -como si de una realidad no sensible ni sufriente se tratara- sobre el desequilibrio loco y enloquecedor entre personas y entre pueblos que mueren de hambre mientras en otros se combate la obesidad por ingesta de comida-basura, saber, impotentes, cómo en cada minuto mueren de desnutrición y de insalubridad niños que jamás tendrán oportunidades para desarrollarse sanos y serenos, constatar cómo los impuestos desangran a los más vulnerables para dilapidarse en nutrir administraciones burocráticas y lujos parasitarios, todo ello, sí querida Socia, hace aullar de dolor, de sufrimiento, de tristeza, pues sólo la TRISTEZA viene al caso como emoción justa, para lamentar todo ese despilfarro de lo vivo, de lo sensible, de lo bueno, toda esa pérdida de oportunidades, todos esos recursos tirados a la basura. ¿Acaso somos tan sordos como para haber necesitado escuchar el clamor de esa miseria, de esa desigualdad extenderse al mundo rico en crisis, para tomar conciencia de esa monstruosidad, de esa degradante manera de gestionar y de gestionarnos?

Nunca el mundo fue más rico, y nunca hubo tantas miserias. Y tú si que sabes de eso, tú sí que sufres de ello más que nadie. Y lloro también por tu dolor que te invito a compartir conmigo. Cuéntamelo por favor.

- **La Tierra**: Querido socio ¡has puesto el dedo en la llaga! Y mi tristeza ha sido infinita; más vasta que mis océanos y mis cielos, que mis desiertos y mis cumbres.

Durante siglos, qué digo, milenios, he llorado por ti y por mí. Por ti pues nunca antes vi que pudiera comunicarme contigo, que pudiera ayudarte a encontrar tu camino de esplendor y de plenitud y, ¿sabes?, no hay nada más triste que sentir que alguien necesita ayuda y que tú puedes prestársela y que, de una manera u otra, exista la imposibilidad de la comunicación, fundamento de la ayuda. Por mí, pues esa tara tuya se ha manifestado en todo su horror en cómo me has tratado, sobre todo últimamente... Las deforestaciones salvajes que han provocado inmensas zonas desertizadas, las lluvias ácidas, la descomunal contaminación de mis/nuestros mares y océanos, los vertidos tóxicos -nucleares o no- incontrolados, la mala gestión de residuos, la contaminación en la atmósfera provocada por los medios de transporte y por las calefacciones, el uso indiscriminado y poco eficaz de lo que denominas "combustibles fósiles" - carbón y petróleo mayormente -, hacen que, a pesar de mi inmensa capacidad de regeneración, mis fuerzas se tambaleen.

Y todo esto, ¿por qué? Pues muy bien lo acabas tú de decir: en resumen, hay falta de sensibilidad, falta de compasión, falta de cuidado y de mimo. Y como te apuntaba cuando hablaba de mis miedos, si eso no te lo aplicas a ti mismo, como Pueblo, entre todos tus integrantes, imposible aplicarlo afuera, a mí.

Pero basta de lamentaciones. Ya nos comunicamos, ya somos equipo, así que veamos qué podemos hacer para poner fin a todas nuestras tristezas. En tu exposición has dado con la clave para resolver todos nuestros males: Se trata de encontrar la motivación al **desarrollo inteligente**. Permíteme que lo subraye, pues es lo que nos permitirá diluir nuestros males. Si ya hemos sido capaces de percibir las pérdidas, es hora de buscar opciones y soluciones que eliminen las causas de aquellas, ¿no te parece?

¿Qué se te ocurre a ti que habría que hacer?

- **El Pueblo:** Socia bella, soluciones de mí salieron muchas durante esos milenios de los cuales hablas, pero soluciones inteligentes, creo que nunca. La inteligencia, el mimo, el cuidar, lo sensible, la comunicación honesta de igual a igual, poniéndose en las heridas y en los dolores del otro, no sólo en sus zapatos, sí, todo eso que viene a ser tan sólo la manifestación de la capacidad de sentir pérdidas de algo vivo y bueno, es decir la tristeza verdadera, es en efecto el único combustible no contaminante para poner en marcha la mente racional e inteligente. La claridad mental que sale de su confusión, de su desorientación, en suma. O sea, la esencia misma de la Civilización, de lo no bárbaro, porque de lo no provisional, de lo no-circunstancial. Y digo yo, puesto a razonar, digo yo ¿no será que todo llega *Just in time* como dicen los de habla inglesa que me pueblan y son parte de mí? ¿no será que todo llega a su tiempo preciso y que jamás podría haber habido lo Civilizado con mayúsculas, al menos el comienzo de ella en esta tierra, si antes no había podido oír tu voz, si antes no nos podíamos comunicar tú y yo?

Y si antes no podía oír tu voz, es que antes de hoy no había podido madurar, aún no había podido hacerme adulto y entender lo mínimo entendible: sólo nos podemos salvar todos unidos, cuidándonos mutuamente y ya nunca más los unos contra los otros. Deseamos salvarnos juntos, justamente porque, hoy más que nunca, todo nos invita a buscar más chivos expiatorios, más culpables afuera, a optar por más egoísmo, por más avaricia y más insolidaridad, o sea por la anti-compasión. Es decir y dicho

-supongo- más inteligentemente; ya pasó, afortunadamente, el tiempo de la autocompasión. Ya pasó el tiempo del Arca de Noé y de los Apocalipsis, ya pasó el tiempo de la lucha de razas, de religiones, de clases, de géneros, de edades. Todo eso ya pasó, y eso es ser maduro.

Tal vez, y espero haberlo intuido bien llamándote bebé, mi bebé, tú también eras muy niña para alzar tu voz lo suficientemente alto y dirigido, como para que yo pudiera haberte oído. No oigo los ultrasonidos, o tal vez ya sí. ¿Sabes?, siempre soñé que, antes de que yo decidiera moverme de verdad, terminaría el tiempo del Arca de Noé, que yo llamo "¡No! ¿Eh?" (es decir el arca de los que debían rendir cuentas por culpas ajenas y acatar mandamientos rígidos) y llegaría el tiempo en que todo el planeta fuera ese Arca, que llamo el Arca de " ¡¡¿Sí, Éh?!!" (es decir el tiempo de la construcción mano a mano de un mundo de entendimiento y de comunicación sensible y solidaria). Oigo ruidos extraños viniendo de ti ¿estás riendo? ¿o lloras?

- **La Tierra:** Río, socio bonito. Río con alborozo, pues cuando mana la fresca inteligencia de tu ser, nada parece inalcanzable, todo posible y, además, ¡claro como la más límpida de las aguas! Y comparto tu intuición; es ahora cuando toca, cuando nos toca resolver lo que, cada uno por nuestro lado, pensábamos imposible.

Y ya puestos, me permito esbozar qué tipo de acciones se me ocurren para poner *nuestro desarrollo inteligente* en marcha:

- ❤ Un primer paso es que asumas y recuperes todas tus partes que eran sanas y bellas y que se han perdido por el camino. Hablo de recuperar e incorporar, actualizándolas, épocas y conceptos de esplendor pasado como, en Occidente, la filosofía griega y el renacimiento, y en Oriente, la dinastía Ming en el mundo budista, la dinastía Omeya en el mundo musulmán, y de igual o mayor importancia, recuperar e incorporar, actualizándolos, los pensamientos de figuras clave en tu historia, algunas de las cuales ya te apunté cuando hablábamos de seguridad.

- ❤ Un segundo paso sería situar la iniciativa para el desarrollo en las personas y en la sociedad, sustituyendo intermediarios y poderes públicos por coordinadores funcionales válidos y eficaces.

- ❤ En tercer lugar, saber eliminar causas de tristeza, actual o futura, significa saber distinguir, en cada individuo, en cada situación, en cada oportunidad, lo que está vivo, lo que está enfermo y lo que está muerto. Y aquí cobra un papel muy importante la educación y los medios de comunicación social, que han de servir para educarte en el conocimiento de ti mismo y para permitir el desarrollo del potencial individual y colectivo, y no para confundir, avasallar, ametrallar y escupir medias verdades.

♥ Y por último, habría que dar una pensada para diseñar el organismo o ente idóneo que asegurase el desarrollo, no sólo el tan de moda ahora "sostenible", sino biófilo e inteligente. Este organismo se ocuparía de la educación a todos los niveles, de la comunicación, del transporte y del desarrollo social y económico. Y claro, con la base inamovible de tener la seguridad garantizada, pues si no, desarrollaríamos nuestro gigante con pies de barro, como ha ocurrido en otras ocasiones.

¿Cómo te suena esto, querido socio?

- **El Pueblo:** ¡Me suena a claridad inteligente, a compasión por mí, a la de la buena: con-pasión! Y para ello hay que amar como tú lo haces: apasionadamente y poner la vida al servicio de cuidar de lo amado. En esto, creo, está la solución, y la clave, el secreto de la receta del desarrollo que debemos aprender de ti. Es esta actitud, esta intención, esta honestidad atenta la que será la clave de todo el éxito.

Porque instituciones y paridas sobre educación, sobre medios de comunicación, sobre buenas intenciones, hubo millones de esbozos, de proyectos, de reformas, de intentos, pero creo que hay que, a la vez que es ineluctable hacer reposar el desarrollo sobre una seguridad garantizada y firmemente ética, dejar bien claro que la filosofía que nos debe guiar a todos podría reposar en una sola idea: *no hay inteligencia clara si ésta no sale del corazón y no hay amor apasionado si no se fundamenta en la razón.* Pues una inteligencia sin corazón crea burócratas y máquinas humanas y una pasión amorosa sin razón, sólo se autodestruye y deja al objeto del amor lleno de culpas y sin seguridad en sí. Lo debilita. No lo potencia.

Dicho lo cual y sobre esta base, sí, te doy toda la razón. Si no hubiéramos comenzado por matar, por dejar extinguirse, individualmente, lo mejor de nosotros mismos, jamás hubiéramos permitido ni visto como inevitable estropear o descuidar algo afuera. Yo creo que la Creación, o el resultado de la Evolución, poco importa el orden de estos factores, ya sean éstas los elementos, los vegetales, los animales y los hombres, son perfectas y encierran esplendores y tesoros aún por descubrir pero todos regidos por leyes objetivas y científicamente demostrables. Si desconocemos cuales son nuestros verdaderos talentos ocultos y nuestra vocación individual real, basada ésta en nuestra pasión existencial, no podemos sacar de nosotros un desarrollo biófilo e integral. Y eso nos remite a lo que dijimos ya sobre el auto-conocimiento.

En vez de multiplicar patéticos nacionalismos y localismos que se crispan alrededor de conservar defensivamente vestigios de culturas locales y anacrónicas, ¿no sería mejor apostar por una identidad universal y por un idioma universal que sirva para extraer de cada ser humano sus talentos diferenciales y motivarlo a sacarlos confiadamente para ponerlos al servicio de su grupo, que es también toda la raza humana?

Sobre el segundo y tercer punto, lo expresaste ya de modo tan perfecto que sólo puedo unirme, agradecido. E ilusionado.

En cuanto a la institución que gestionaría el desarrollo de cada país, de cada continente y de cada grupo de continentes, si existiera ese Consejo Superior de Seguridad formado justamente por personas LIBRES de toda ideología o interés personal y capaces de diagnosticar y de proponer a los mejores, a los más talentosos, a los que tengan mejor vocación de servicio amoroso, en vez de ministerios tendríamos algo así como empresas y cooperativas de gestores de las grandes áreas de interés. Nacional, transnacional e internacional. Siempre y cuando un organismo soberano que represente verdaderamente al pueblo vivo en su totalidad sea el guardián y si viene al caso, el fiscal de los honestos coordinadores y gestores que hayan sido encargados de llevar bien el desarrollo de todo lo vivo y válido de la tierra y de lo que la puebla. ¿Lo bautizamos provisionalmente como el **EQUIPO GESTOR**? Y habría muchos organismos de coordinación entre continentes y nos volcaríamos todos en erradicar las causas del subdesarrollo, sea este intelectual, económico, moral o educacional.

Estamos en la era de las redes, y habría que ponerlas verdaderamente a servir la inteligencia humana solidaria y pluridisciplinaria.

- La Tierra: ¿Te fijas? Me quedé la mar de tranquila con tus palabras. Si así fuera como avanzáramos, el cielo siempre sería azul intenso.

¡ Y EXIJO JUSTICIA ECUÁNIME !

- **La Tierra:** Y ya puestos, una vez garantizada la seguridad, y garantizado el desarrollo, ¿toca una tercera motivación universal del ser humano? Seguro que sí, pero sospecho que no está en mí... Como intuición sí que tengo, y como guardo en mí la memoria de millones de personas que fueron víctimas de injusticias, creo que ahora deberíamos ver cómo erradicar las injusticias de este Mundo, ¿acierto? Me huele que sí, así que sin esperar tu confirmación, ¡me lanzo al ruedo!

Muchísimos seres humanos han sido y son hoy víctimas de injusticias, de manipulaciones y de agresiones. Yo también he sido víctima de múltiples agresiones como ya hemos ido viendo. Ahora bien, yo no tengo la energía capaz de hacer frente a estas agresiones, la capacidad de reacción, la denuncia, la capacidad de ataque, porque, ¿crees si no que no hubiese intentado y no estaría intentando reaccionar a tanta agresión a mi ser? Ya me gustaría...

Lo que viene a mí desde los millones de seres humanos que en mí guardo es que para que exista justicia se requiere de una preciosa energía que es la RABIA, entendiendo como tal la capacidad de, precisamente, reaccionar a las injusticias, a las manipulaciones, a las mentiras y a las agresiones. Y de eso tú si que tienes, y lo compartes con los animales, que también son capaces de reaccionar ante todo lo dañino.

A mí me encantaría que, tras nuestras conversaciones, yo pueda, al menos, soñar con un Mundo de justicia donde nunca más eche de menos el carecer de rabia, ¡¡pues no la necesitaría!! y donde tú la emplees positivamente, esto es, creando más justicia cada vez, ¿no sería esto bonito?

Las injusticias están hoy en día por doquier, empezando por los métodos poco ortodoxos de Guantánamo, siguiendo, por aquella misma zona, con las dictaduras populistas, y continuando con los abusos de poder en todos los países del mundo por los estamentos que ostentan el ídem, con las agresiones a las minorías étnicas o religiosas, con el maltrato infantil y de género, con la violencia, con las mafias, con la compra de favores, con hacer la vista gorda a impresentables comportamientos, con tener, en cualquier país del mundo, distintos raseros en función del encausado. Además, y es lo más sangrante, las injusticias se cometen contra el más débil, el más indefenso, el más necesitado.

¿Cómo, querido socio, crees que se podría erradicar la injusticia del Mundo? ¿Y cómo hacerlo sin víctimas? ¿Y cómo sería un Mundo justo? ¿Y cómo concitar unanimidad y erradicar la palabra "enemigo"?

Perdona tanta pregunta, pero es que este tema me preocupa sobremanera y sólo tú puedes asegurarte y asegurarme la necesaria paz y en ti confío ciegamente.

- **El Pueblo**: ¡Menos mal que dices –y siempre te creo- que no dispones de rabia! ¡Vaya maestra que ya eres con sólo guardar en tu seno, en tu memoria afligida, tantas injusticias padecidas por la humanidad! Ahora sí que te vuelvo a ver como a mi bebé amada a la que cuidar y defender contra tus enemigos, yo para empezar. Y te pido perdón, auténticamente avergonzado ante tanta generosidad, tanta templanza. Sí, me arrepiento y me encuentro en toda la disposición de erradicar de mí esas conductas irracionales siempre, precipitadas, primarias, inmaduras, pues el mal siempre empieza por la estupidez humana y luego se encuentra con el ego propio –insensible y paranoico siempre- por el que apostar cómodamente y a eso ya se le llama soberbia, y agravando la conducta errónea, ya se llega al narcisismo, y de allí hay sólo un paso para convertirse en dictador y en predador luego. Es el caminar en el sentido contrario a la ruta biológica de lo humano.

Y sí, pronunciaste una palabra maravillosa, la palabra clave en lo que hace a la justicia verdadera: UNANIMIDAD. Una unanimidad basada en la buena voluntad, en la presunción de inocencia, en la voluntad inquebrantable de suprimir la palabra "enemigo" para remplazarla por "interlocutor implicado", por "equipo" y al final, por "socio".

Pues todos somos uno sólo y cada partícula de nuestro ser lleva en sí al Universo entero, y no sólo a nivel conceptual sino en su realidad carnal.

No basta decir "¡Así no!", y denunciar injusticias o mentiras. Siempre hay que añadir el "¡Así ... sí!" que ofrece alternativas válidas que eleven el nivel de los dos interlocutores, que les den valores más altos para encontrarse situados ambos a un nivel donde la inquina ya no sea de recibo, es decir, que les sitúa a ambos en un nivel donde ambos tengan más y mejor CULTURA. Pues el debate veraz es la madre de la cultura, la imposibilidad del pensamiento único y del sometimiento del que está en condiciones de inferioridad numérica. ¡Pues vamos listos si pensamos que la mayoría numérica es la que tiene la razón! Si así fuera, jamás nada se movería, ni aún menos se transformaría.

Y sí, también. Digo alto y claro: "¡Yo me indigno! ¿¡Y AHORA QUÉ!? ", pues si me indigno es mi obligación encontrar el "¡Así sí!", por ti y por mí. Y porque estoy realmente indignado busco soluciones en vez de críticas destructivas.

¿Ves?, yo entendí que este momento histórico en el cual estamos tú y yo, no corresponde -como dicen aún los estrategas y los dirigentes oficiales- a una crisis, sino al desplome de una civilización y al surgimiento de otra. ¿Y sabes cómo lo entendí? Pues muy fácil: cuando, al igual que en todas las civilizaciones en decadencia que nos han precedido, los políticos y hasta los intelectuales y académicos, en vez de buscar opciones y soluciones buscan todos culpables y pelean entre sí como único deporte de circo. Y como la deshonestidad es la que manda en eso, y el deseo de conservar una civilización que ya no da de sí, se ponen de moda y en este orden: el pasotismo en los padres, el cinismo en los jóvenes, el escapismo en los mayores, el nihilismo en los pensadores, y el sofismo en los representantes del pueblo. Afortunadamente los jóvenes tuvieron hijos y éstos ya no son consumistas e indiferentes. Y buscan abuelos simbólicos para guiarlos y sostenerlos. Este es otro puente generacional, que está muy de actualidad para buscar soluciones ecuánimes para todos.

Los políticos ya no nos representan, porque son burócratas de partidos que sólo buscan poder para sí mismos, pero en un tipo de simbiosis-balancín de seudo enemigos aliados que se alternan justo para echarse la culpa de los desastres que producen, y eso en un momento histórico donde las ideologías todas sobran y se han derrumbado, tanto el comunismo materialista como el liberalismo depredador. Pero los políticos y los intermediarios no son el enemigo. Individualmente seguro que hay muchos y buenos políticos e intermediarios, que son seres humanos con vocación de servicio y que podrían reciclarse fuera de sus partidos. Y que seguramente se sienten estúpidos por tener que recitar consignas partidistas o mercantilistas que ya ni eso son y los hace sentir tramposos y mafiosos también.

Creo que estamos en un periodo histórico en el cual el ser humano busca regir directamente su destino. Y por eso, nada mejor que sugerir una **CÁMARA DEL PUEBLO** elegida entre miembros de colegios profesionales, gremios artesanales, comunidades de barrios, representantes de minorías étnicas y religiosas, y no para figurar tan sólo en juntas locales y de pueblo -que también-, sino para regir a nivel NACIONAL los destinos y la cultura, negociar los valores, controlar, premiar y penalizar acciones de los gestores y hasta de miembros del Consejo Nacional de Seguridad y del Equipo Gestor Nacional si se desvían de su vocación de profesionales de la paz social y de la gestión inteligente y honesta, respectivamente. Y esos representantes deberían ser pagados, sí, pero a medio tiempo, y tener la obligación de seguir trabajando en lo suyo, viviendo inmersos en el gremio, la vecindad, la comunidad que representan. No se trata de reemplazar profesionales del poder por burócratas sindicalistas. Por otro lado, también los sindicatos son anacrónicos y basados en la ideología de enemigos de clase.

En resumen, no se puede crear cultura, elegir valores mejores, crear un liderazgo válido e insustituible porque basado en el talento y la vocación de cada persona, al mismo tiempo en que se ve al otro y se lo trata como a un contrincante. El otro es siempre tu socio potencial. Siempre. Y más opuestos parecemos, más complementarios somos. Pero para eso se necesita desear de todo corazón construir un Bio-Humanismo, a imagen del ser humano y de la tierra de la cual vive.

¿Otra vez parece sonar a utopía? ¡Me temo que en la cacofonía de hoy, sí! pero sé que no, no es utopía, es lo que necesariamente está por llegar, porque yo lo quiero así, porque tú lo anhelas así y porque es lo más justo.

Y la mejor prueba de que no es utopía, es volviendo a lo que tú ya señalaste de pasada: los animales sí tienen rabia, y aspiran a construir una sociedad más justa, tienen valores, liderazgo y cultura. Tú que guardas en tu seno a tantos animales muertos y asesinados, tú que guardas en tu memoria los movimientos, la corporalidad libre y esplendorosa de esos animales, tú que alimentas a todos los animales vivos, en la actualidad –al menos a las especies que no dejamos extinguirse o extinguimos directamente, que ya son las menos- ¿no crees tú que deberíamos primero despertar nuestra vitalidad, nuestra cultura animal, y ser, para empezar dignos de ellos antes de pretender reinar sobre ellos?

–**La Tierra:** Querido socio, ¡por supuesto que sí! Si eres capaz de crear y brindar seguridad, si eres capaz de lo que hemos denominado desarrollo inteligente pero no eres capaz de utilizar tu rabia para indignarte ante mentiras y atropellos y crear más justicia, no estás a la altura de lo animal y mucho menos, a la altura de lo humano. Y para quedarte a la altura de una patata, mejor lo dejamos, ¿no? Fuera de bromas, lo primero que hay que hacer es detectar lo que no está bien y creo que has detectado perfectamente lo que no está bien de la actual situación. Y estás proponiendo cómo debería organizarse la sociedad para estar representada por una Cámara del Pueblo. Esto me parece estupendo, pero antes de seguir, y volviendo a tu sugerencia de mirarte en lo animal, es fundamental que percibas la realidad en la que vives, que percibas las cosas tal y como son en el aquí y el ahora, que sanees y extirpes ideas y conceptos válidos antes, ya periclitados.

Y también es fundamental que cuides tu salud y tu bienestar físico, fomentando el deporte y la vida sana. El famoso "mens sana in corpore sano" del poeta romano Juvenal, debe también interpretarse como que en un cuerpo sano, la rabia es auténtica y sana y capaz de percibir la realidad tal cual es.

A partir de ahí, de la unanimidad en la percepción de las cosas y de las situaciones, se puede buscar la unanimidad en la búsqueda de nuevos valores que desemboquen en una nueva cultura que, viva y atenta, asegure que nada ponga "techos" ni trabas a los individuos y colectivos más avanzados, más pioneros.

En paralelo, tienes que buscar la manera de sentar las bases para una justicia universal real, incluyendo por supuesto el sistema judicial y penitenciario, que hoy en día siguen siendo medievales.

Y tu idea de la Cámara del Pueblo me parece fantástica. Eso huele a democracia real. Si bien la palabra Pueblo puede sonar a muchos como izquierdista o populista, ya hemos dejado claro al principio de este diálogo qué entendemos por Pueblo, así que siendo tu Cámara, no puede ser más democrática y representativa.

Y, ¿cómo avanzar con estos temas? Pues yo creo que haciendo propuestas, manifiestos, sometiendo las propuestas y manifiestos a debate y a búsqueda de consensos, en definitiva, pasando a la acción, ¿no crees?

En este punto me surge una duda que seguro tú me puedes disipar: ¿Cómo hacer las cosas para que todos los que dentro de ti no quieren ver la realidad tal y como es, es más, los que no quieren cambiar las cosas pues ahora están cómodos o favorecidos, apuesten por tus propuestas?

- **El Pueblo:** Comenzaré, querida socia, respondiendo a tu última pregunta, obviamente la más difícil, la de la unanimidad. No se trata de paralizar la acción, la protesta, el movimiento precioso de los Indignados que arrancó en Francia con un corto manifiesto de un abuelo que nos recordó los valores de la resistencia bajo el general De Gaulle, se extendió a países árabes dominados por dictadores, y llegó a España de modo mucho más actual, más moderno, y se extenderá, lo extenderé, por el mundo entero. No se trata de pedir el aval de los peores, de los que no sólo no son el Pueblo como lo entendemos hoy –es decir, como lo que de verdad es: la comunidad de los que anhelan justicia auténtica y no tienen intereses creados avasalladores y negadores que defender–, ni se trata de esperar a que los parásitos que viven de la injusticia institucionalizada consientan en escuchar la voz de un nueva civilización basada en un bio-humanismo.

Se trata de seguir avanzando, debatiendo y actuando, en paz y alentando el consenso y el diálogo, cada día más, cada hora más. Como lo hicieron las trompetas de Jericó en su día. A propósito, si te parece bien, dejamos esas líneas maestras que han de regir en una civilización nueva, para el próximo debate, pues creo que, en eso, no se trata de rabia y de justicia, sino de orgullo y de transformación, dimensión única y exclusiva del ser humano, es decir privilegio y responsabilidad del hombre y mujer sobre esta tierra.

Aquí me refiero a lo distintivo del animal, del animal SOCIAL en nosotros. Y eso está dicho en términos admirativos y superlativos, no de forma paternalista.

El animal tiene liderazgo y lo basa en la fuerza y en la responsabilidad real. Si, como ya sugerí, basamos el liderazgo de cada niño, de cada adulto y de cada anciano sobre su talento real, el que lo hace único e insustituible y sobre su auténtica vocación, tendremos una sociedad justa, culta y feliz. Existen ya modos de detectar esos valores individuales y diferenciales en cada uno. Esa necesidad es auto-conocimiento, ya la vimos en el apartado de seguridad. Pues alguien que pretende dirigir a los demás sin poder dirigir su propia vida hacia lo mejor de sí mismo, sólo podría ser un amargado corporativista y un castrador social. Se situaría por debajo de lo animal.

Los animales tienen cultura, tienen valores y los respetan a rajatabla. No se ponen a adular ni a temer jefes de otras especies que siguen anti-valores como los que ya denunciamos en nuestra andadura de seguridad, de desarrollo y de esta fase de justicia. Cada gremio, cada sector de actividad, cada género, cada edad generacional, cada asociación de vecinos, cada asociación de barrio, cada minoría, debe tener voz y voto en esa Cámara del Pueblo. Y desechar intermediarios que no representan ya sino trombos en el fluir de la comunicación, obstaculizando la solución de problemas.

Los valores que han de regir la sociedad son ante todo UN DERECHO NATURAL ACTUALIZADO, BIOLÓGICO, CERTERO, basado en nuevas definiciones y en la evidencia de una escala de motivaciones realmente innata al ser humano.

Esta escala es y universalmente: primero seguridad definida como lo hicimos, es decir suprimir amenazas a la integridad y rechazar el caos y la negación de la vocación de paz y felicidad en el ser humano. Luego llega la motivación al desarrollo, tal y como lo mostramos, es decir la sensibilidad a la pérdida y la búsqueda de soluciones de desarrollo inteligente. Luego llega la justicia, como lo estamos analizando, es decir la capacidad de denunciar, en el aquí y ahora, mentiras, agresiones y manipulaciones y buscar valores basados en el liderazgo talentoso y vocacional de los mejores y más calificados, pues sólo ellos pueden elevar el techo de la medida de lo posible en cada momento. Luego se abre algo maravilloso que es lo propio del ser humano, la posibilidad de edificar civilización transformadora, a través de la creación, del descubrimiento científico y del arte. A continuación vamos a la pertenencia real, o sea al amor por lo mejor de nosotros y por los mejores, por la entrega a la pasión existencial en cada uno y de cada uno. Y al fin podemos abrir el último y más importante estamento, el de la plenitud, es decir del culto por la verdad y por la paz, únicos garantes de la vocación de felicidad del ser humano y tuya, o sea de todo el Universo creado y en evolución.

Y hemos de admitir de una vez por todas y denunciar, la mentira social y filosófica en la cual la raza humana, es decir, yo, el Pueblo, hemos sido criados y sido obligados a transmitir a nuestros hijos: Me refiero a esa misma escala motivacional biológica, pero invertida, puesta al revés. Es decir, la alegría de ganar un pulso al contrincante, luego el amor sobornable y sectario por quien piense igual y forme parte de nuestro equipo de contrincantes, luego la lucha por el poder y falso estatus sobre los que, se supone, amamos, luego la imposición de falsos dirigentes que sirven para congelar las fuerzas vivas emergentes, luego la insensibilidad ante el dolor que provocamos, y al fin una inseguridad endémica, que consideramos la mejor arma de manipulación y de sometimiento social, que agita el fantasma del abandono, la miseria, la enfermedad y la muerte para quien no comparte esos anti-valores y esa visión predadora de sí mismo que hemos impuesto y nos hemos impuesto.

Si no damos la vuelta completa a esa visión falsa y mentirosa, abusiva, chantajista, del ser humano y de sus motivaciones profundas, innatas, biológicas, todo, todo lo que pretendamos construir será como la piedra de Sísifo, sólo rodará cuesta abajo y nos dejará más debilitados y desorientados. Esos son los "antivalores de toda la vida" que se trata de poner al derecho, redefinir y remplazar por los que sí rigen nuestro cuerpo sano, nuestro cuerpo real, y por ende nuestro sentido de la justicia, nuestro sentido social, en suma.

Perdona, socia, que en cada estamento insista sobre lo filosófico, lo conceptual básico, pero si hablamos de nueva civilización, ha de comenzar por eso ¿no crees?

- **La Tierra:** ¡Cómo no, querido socio! Sin eso, no hay suelo sobre el que edificar.

Me ha encantado tu descripción sobre la escala motivacional biológica y cómo se funciona cuando ésta se invierte. Tal cual. Así, entre nosotros, debo decirte que suena tan natural y lo formulas de una manera tan sencilla y sintética, que tiene que ser verdad. Además de sentirme feliz y segura imaginándome que funcionarás según esa escala motivacional, aumenta mi amor por ti y resuena en mí esa misma secuencia porque yo siempre sentí una secuencia ordenada en mí: como Tierra tengo sólo tres de las seis dimensiones que apuntas, y la secuencia se corresponde: arranco en el amor, en la entrega, ofreciendo a todos los seres que me pueblan - vegetales, animales y seres humanos - un espacio seguro en el que desarrollarse y ser, y de ahí paso a la alegría de saberme infinitamente pequeña en un Universo perfecto, pedacito insustituible y prescindible, parte infinitesimal del todo que a su vez lo contiene. Y de ahí a la seguridad que me brinda el rechazo del caos, pues basta ver mis mares y mis montañas, mis valles y mis cielos para saberme segura y armoniosa. Mi seguridad se tambalea cuando, como te decía al comienzo de nuestra conversación, surge el peligro para el amor y la alegría. Y entonces tengo miedo. Miedo por ti y de ti. Y si te fijas, si tú funcionaras en la secuencia biológica que me expones, funcionarías generando neguentropía y no sólo te sumarías a mi secuencia, sino que multiplicarías mi secuencia, ¿No sería esto bello?

- **El Pueblo:** Así es ¡ya lo creo, madre pura y buena como un bebé! Generadora eres de esa neguentropía que alimenta todo lo bueno, diluye el caos y me sostiene. Te pido perdón por haber vivido como un feto irresponsable dejándote sostenerme mientras yo, alegremente, convencida por los académicos estudiosos del funcionamiento de los seres humanos, creía tener también tan solo tres dimensiones, a imagen y semejanza de los cuatro elementos, tal y como el tópico acuñado por los griegos antiguos nos hacía creer. Descubrir que el ser humano tiene seis dimensiones ha necesitado que salga de la niñez y decida pensar por mí mismo.

¡ Y EXIJO DIGNIDAD INSTITUCIONALIZADA !

- **La Tierra:** Más que perdonado estás, amado socio, pues me pides perdón de corazón, cuando ya has tomado conciencia de tus errores y estás en el camino de erradicarlos y corregirlos, ¡ASÍ SÍ!

Y hablando de edificar, ¿no nos tocaría ya hablar de un cuarto asunto, de ver cómo sería posible edificar una civilización transformadora, a través de la creación, del descubrimiento científico y del arte? Me decías que se trata de orgullo y de transformación, y que esa es una dimensión puramente humana. Lo corroboro, pues sólo en ti he visto esa maravilla, y guardo memoria de creaciones imborrables, deslumbrantes, que han supuesto un salto cuántico para el ser humano, un salto en cuanto a la percepción de trocitos de eternidad.

Y creo que es justo ahora, cuando vislumbramos una justicia posible, que podemos hablar de esto.

De lo que yo llego a entender, ese orgullo y esa transformación son reconocibles cuando, pasados cientos de años, miles de años, las creaciones siguen siendo actuales, siguen estando vivas, siguen remitiéndote a algo eterno, siguen conmoviéndote. Por ceñirme al mundo del Arte, ¿no son Mozart, Van Gogh, el Greco, Bach, Shakespeare, Cervantes, Monet, Cézanne, Rodin, por poner sólo unos pocos ejemplos, terriblemente actuales para ti? ¿no tienes la sensación de que siempre han estado allí y siempre estarán? ¿que sin ellos y sus obras la vida no sería la misma? Yo, desde mi capacidad para el asombro, no dejo de agradecer el disfrute que todos ellos te proporcionan y me proporcionan.

Y he aquí una cuestión - más bien varias - que quise siempre preguntarte y no puedo resistirme a plantearte ahora: ¿por qué, salvo honrosas excepciones, estas personas no tuvieron reconocimiento en vida? ¿por qué has necesitado que yo los acoja en mi seno para reconocerlos? ¿por qué, casi desde que existes, has pensado que esas personas y sus creaciones eran inspiradas por los dioses, por la caprichosa varita mágica que a unos les "iluminaba", los menos, y a otros les dejaba a oscuras? ¿por qué, en la mayoría de los casos, asocias al genio, que es como denominas a esas personas, con la locura? ¿por qué, al fin, no todos los seres humanos que representas pueden acceder a esa maravillosa dimensión?

No me avergüenza mi atrevimiento porque intuyo que respondiendo a estas preguntas, querido socio, encontrarás la manera de edificar esa civilización soñada, por ti y por mí, pues en ella sí que, de verdad de la buena, me sentiría segura.

El Pueblo: ¡Con toda la razón te sentirías segura! Y yo aún más. Para sintetizar una respuesta genérica a todas esas preguntas que te planteas, podría responderte que -creo modestamente- sería cuestión de EVOLUCIÓN. Sí, el gran secreto en lo que a orgullo hace, es ante todo, definirlo, por pasiva y por activa. Y te sonrío, pues como acabamos de esbozar la definición de rabia auténtica con su forma idónea de expresarse, el "¡Así no ... así sí!", haremos lo mismo ahora: El orgullo auténtico nada tiene que ver con sus monstruosas deformaciones tales como la soberbia, la egolatría y el narcisismo. Eso es sólo anti-orgullo.

Orgullo es dignidad ante todo, es estar a la altura de la EVOLUCIÓN y de la dimensión diferencial que el ser humano tiene estructuralmente, innatamente, sobre todo lo demás, ya sea esto elementos, vegetales o animales. Y yo no veo por qué no demostrarían los científicos, en un futuro cercano, que todo comenzó con un elemento incipiente que fue evolucionando hasta convertirse en uno de los cuatro elementos que, a su vez evolucionó hasta convertirse en un vegetal, luego en un animal y luego en un ser humano. Y que éste a su vez no vaya a seguir evolucionado, adquiriendo más dimensiones que le permitan tele-transportarse, mutar de nuevo y vivir a la vez en dos lugares o periodos históricos. Todo lo que nos parecía ciencia ficción se ha revelado ser sólo imaginación del futuro. Imaginar es una función del orgullo humano. Este enfoque evolucionista sólo viene a complementarse con la concepción creacionista de una Creación perfecta regida por leyes perfectas. Una Creación tan perfecta que dejándola a solas consigo misma, siempre vaya a más ¿Sí?

Así, en el pasado, en la Antigüedad, se atribuía a los dioses la "elección" de alguien meritorio a quien insuflar inspiración y revelar a su entorno, en un rapto creador de resonancias místicas y a través de sus obras, esos pedacitos de perfección, de Eternidad con los que deleitar a los mortales. Era la infancia de la civilización. Cierto. Pero ellos al menos conferían a la grandeza de la obra, al genio creador, al civilizador del pensamiento humano (tales como Sócrates, Platón o Aristóteles) un

ESTATUS supremo. Y en vida. Antes, hasta en el siglo pasado, los genios se conocían todos, se alentaban y admiraban mutuamente –pues la admiración por lo grande es la expresión primaria y esencial del orgullo-. Y los reyes y potentados consideraban justo y dador de estatus para sí mismos el mantener en sus cortes, luchando por atraerlos y mimarlos, a los grandes artistas y descubridores. A eso, se le llama ser civilizado.

Pero hoy en día, los genios se ignoran entre sí, se creen solitarios y exilados, mientras proliferan las redes de todo tipo de marginalidades o de futilidades. Los intermediarios, una vez más, llámense éstos galeristas, museos, academias, universidades, revistas, críticos de arte no creadores, medios de comunicación, redes consagradas, se han auto-nombrado autoridades en detectar, reconocer, consagrar a los grandes. Sólo que a los supuestos "grandes", ellos mismos los fabrican en factorías de mercadotecnia, a su imagen y semejanza.

Olvidan una verdad esencial: sólo un genio es capaz de reconocer y de consagrar a otro genio. Y lo quiere y necesita vivo, feliz, reconocido, admirado, valorado en suma. Porque lo ve como lo que en realidad es: un faro y un espejo del talento y del genio que duerme, anestesiado por ahora, en cada ser humano, en su talento diferencial por el cual abogaba para el liderazgo del futuro –aquí ni siquiera hablo de vocación, que es mucho más alta, motivadora e importante que el talento y que veremos mas adelante-.

Si la envidia hacia lo bueno, alto y bello, si la talla de pigmeo creador, si el deseo de poder y de control que da o retira su aval al titán, dominan -como de hecho es el caso hoy en los intermediarios que nos anulan-, a los grandes los necesitan muertos, mirados como a locos, como soñadores marginales y desvalidos. Y hacen eso para tener manos libres para hablar en sus nombres, para adornarse con el estatus a ellos usurpado, para enriquecerse especulando y disparando precios para sus obras despreciadas en vida, para hacerme sentir, a mí, Pueblo evolucionado y creador, que sólo nací para acatar y fingir extasiarme con lo que eligen en mi nombre. Y para darme miedo a ser un creador, un transformador, un genio, un ser crecido, porque elegir esa ruta -me dicen- es un suicidio social y existencial. Y eso me indigna. Me indigna porque justamente lo definitorio del orgullo, su definición misma es la capacidad innata de afirmar la dignidad, admirar lo que nos supera, crear, crecer y hacer crecer.

Así, esos intermediarios me quieren asustar de mi más maravillosa dimensión y potencia. Y eso me indigna soberanamente.

Sólo te pido, socia amada, que por favor, recuerdes y me cuentes: entre todos los humanos que reposan en tu seno, ¿a quienes debemos los grandes saltos civilizadores de la historia? ¿a intermediarios sedientos de control, de caos y de oscuridad o a grandes innovadores, pensadores, descubridores y artistas, todos ellos exponentes de lo único diferencial de lo humano: su capacidad de transformar el mundo en un lugar más bello, más creador y más civilizado? Por favor, necesito refrescar, rejuvenecer, alumbrar mi memoria.

- La Tierra: Mi tan admirado Socio, ¡qué magnífica exposición! Con esa claridad, vamos a resolver esto de un plumazo. Y del primer plumazo, deberíamos colocar en su sitio a todos aquellos que, como bien dices, se aúpan en los hombros de los grandes, creyéndose por ello superiores cuando son sólo molestas moscas cojoneras. Porque tanta estupidez me provoca vergüenza y miedo.

Respecto a tu pregunta, ¡está más que claro! Son, y han sido, siempre, los grandes innovadores, pensadores, descubridores y artistas los que te han posibilitado los grandes saltos civilizadores. Y siempre, de manera harto generosa.

Y ahora, como te conozco como si te hubiera parido, déjame que te haga una reflexión sobre tu manera de ser que quizás nos aporte algo de luz en cómo enderezar este tema y poner las cosas al derecho: Desde tu origen como Pueblo, de esas seis dimensiones humanas que hemos concluido que tienes, hay tres que siempre he visto de alguna manera desequilibradas; la dimensión del desarrollo y la tristeza siempre ha sido mayor que las otras cinco. Esto hace que en muchas ocasiones añores los tiempos pasados, que te lamentes de lo que pudo ser y no fue, que te sientas desorientado y confuso sobre tu camino, que pienses que, aunque tecnológicamente has progresado, en lo profundo de tu ser se produzca algo parecido a lo que le ocurrió a Sísifo que, obligado a empujar una gran piedra hasta lo más alto de una montaña, antes de que alcanzase la cima de la misma, la piedra siempre rodaba hacia abajo, y Sísifo tenía que empezar de nuevo desde el principio. Y así te sientes tú con tu progreso filosófico, moral, ético y espiritual, ¿me equivoco?

Respecto a la dimensión de la que ahora hablamos, la del estatus y del orgullo, parece, desde fuera, que sea una dimensión que tienes desconectada, salvo en los escasos y honrosos casos de esos seres de excepción que hemos venido denominando genios, y sustituida en la mayoría de los casos por envidia, cuando no por actos amputadores de lo grande, de lo que supera la medianía. En pleno auge en la actualidad, ¿no te parece?

Y para acabar, respecto a la dimensión protagonista indiscutible de este diálogo, la de la rabia, la justicia y la cultura, me da la sensación de que es una dimensión que a lo largo de los siglos y de los milenios, has tenido como prohibida, sintiéndola como algo peligroso y destructivo a lo que debe tenerse miedo. Y claro, ¿cómo no tenerle miedo si en general has sentido rabia cuando deberías haber sentido orgullo, cayendo en la envidia? Pero eso, querido amigo, no es óbice para que, una vez te hayas dado cuenta de que la rabia auténtica es el "Así no,.. Así sí", y que la envidia no es sino rabia falsa en lugar de orgullo verdadero, puedas darle a esta dimensión su auténtico sitio.

¿Por qué te cuento todo esto? Pues porque si así como te describo te identificas, puedes imaginar que disminuyendo la dimensión de tristeza en su justa medida, recuperarás, reconectándola, tu dimensión creadora, la del estatus y el orgullo de verdad, y podrás tras ello, quitarte la prohibición de la rabia y recuperar tu vocación de culturizador, de civilizador, que es lo que de verdad te llena y da significado a tu vida.

Puedo aventurar, pues te conozco bien, que la dimensión del estatus y del orgullo, una vez recuperada, será tu talento, tu genialidad mayor, allá donde mostrarás todo tu esplendor creador. Y no por algo, es la dimensión que te distingue de lo demás, ¿acierto? Si así lo sientes, ¿evolucionamos juntos, querido?

- **El Pueblo**: ¡Hecho, socia, evolucionamos juntos! Y sí, en mi infancia y en mi adolescencia que terminó en cuanto pude oír tu voz, he funcionado así, como el tal Sísifo, y así me fue. Pero hoy, y tras manifestar mi indignación - parcialmente aún, he de añadir sonriendo travieso- ya puedo decir que me asumo como joven y acaso, en algunos aspectos, como adulto. Y sí, no me cabe duda alguna de que las autoridades auto-consagradas, los intermediarios de toda pelambre, ya no me van a ocultar mi POTENCIA virtual y real. Porque de eso es de lo que se trata: de recuperar mi potencia frente a los que sólo aspiran a hipotecármela para adquirir lo antinómico de la potencia: el poder, el control de mi vida, de mi destino.

Sí, me pasé de triste y de fatalista resignado, tienes toda la razón. Y no es por justificar ese derrotismo mío pasado, pero en un Mundo donde en Occidente, me maldicen con lo de la expulsión del paraíso como castigo a un supuesto pecado original, condenándome a ganar el pan con el sudor de mi frente mientras mi esposa alumbra a nuestros hijos en el dolor, y en Oriente me acallan con lo del culto a los ancestros y la obediencia automática a la autoridad establecida, convendrás en que no lo tuve fácil.

Pero, bromas aparte, sí, la base de mi liderazgo sobre mí mismo -es decir para transformarme en un dirigente de mi propio destino- es la consagración del orgullo creador, transformador y descubridor y la exigencia en que se le honre como lo amerita. Sin ello, siempre estaría pisando arenas movedizas. Así que voy a imaginar, representarlo y declarar qué tipo de medidas garantizarían que los mejores creadores, descubridores y civilizadores protejan y alumbren el camino de los menos crecidos. Probemos a ver cómo te sabe esto:

Yo, rastrearía en cada país a todos los grandes creadores, descubridores y genios y formaría un **COLEGIO DE CREADORES**, un tipo de autoridad institucional para detectar potenciales vivos, consagrar lo grande, y crear programas de formación para gestionar los talentos de cada ser humano, educar su refinamiento y sensibilidad hacia lo grande y lo elevado. Y los haría seleccionar por otros maestros reconocidos a nivel internacional. Los candidatos se presentarían por iniciativa propia, sin aval de nadie, sin importar edad, nacionalidad, color, género o confesión, pues tenerlos es un honor y un prestigio para la Nación que los merezca y los sepa valorar, mimar y cuidar. No permitiría a intermediarios rancios que los eligieran.

Este Colegio de Creadores innovadores tendría un poder consultivo, pues a ellos no les gusta competir ni ejercer poderes, pero habría la obligación de publicar sus recomendaciones, de publicitar sus edictos y de dejarlos expresarse libremente en todos los medios de comunicación masiva. ¿Cuáles serían sus funciones?

Lo primero, como ya señalé, es descubrir y acatar las leyes que rigen el funcionamiento de las personas, detectando sus talentos y vocaciones diferenciales y asentando su liderazgo personal sobre esos puntos fuertes, esas palancas que nos catapultan en la cima de nuestra potencia. Y comenzar con los niños. Para que nadie los pueda torcer ni invitar a la resignación. Lo soñado, lo ideal, sería descubrir esas leyes tan perfectas que podrían señalar ya los talentos y vocaciones en estado fetal, de manera que desde la gestación y la primera niñez, los alentáramos en la familia primero y en el colegio luego.

Lo segundo sería crear programas de detección de talentos creadores e innovadores y consagrarlos sin hacerles pasar esos patéticos exámenes y pruebas académicas de rigor, ya que en esos casos, los examinadores están por lo general muy por debajo de los alumnos examinados. También penalizaría la envidia que sería objeto de vergüenza y de mofa en caso de caer en esa aberración.

En tercer lugar pediría a ese Colegio crear una metodología o varias que promuevan y faciliten SALTAR ESCALAS, es decir: ayudar a pasar de ser un ocurrente individuo a la escala siguiente y convertirse en creativo, y de esa escala, poder saltar a la de creador, y luego a la de genio, y luego a la de civilizador, y luego auparse a la de pacificador, y luego a la de Socio de la Creación en Evolución. El mundo sería maravilloso y su orden, armonía y belleza superlativos. ¿No crees?

En cuarto lugar investigaría el orden de la belleza en sí, es decir, la Jerarquía de valores y prioridades existenciales que garanticen el éxito en la transformación pacífica y gozosa del mundo. Y creo tener una idea propia al respecto, que no me avergüenza adelantarte, socia amada: la primera prioridad existencial ha de ser encontrar y acatar la Verdad, luego debería ser el amor de pareja, pues una pareja de verdad es sólo un ser mutante y perfecto en dos cuerpos, luego el amor por los mejores de nuestros amigos, incluyendo entre ellos a los familiares que lo ameriten, luego vendría nuestro crecimiento, nuestra obra y el honrar a nuestros maestros (a ti, por ejemplo), luego vendría el cuidado de todo lo valioso, esté donde esté, tú antes que nadie, y sólo en fin vendría, en lo de saber priorizar, el procurarse medios para vivir dignamente, pues eso sería una mera consecuencia de una buena escala de prioridades interiores.

Y te dejo corregirme y completar mi programa, pues no se me ocurren cosas más esenciales.

- **La Tierra**: ¡Guau! ¡Me parece genial tu programa! Correcciones no tengo ninguna y respecto a completar, sólo se me ocurre, desde mi memoria milenaria, incluir la recuperación de los altos creadores del pasado, ofreciéndoles su sitio en tu memoria colectiva, y quitándoles de en medio a los intermediarios que han interpretado sus obras a su propia conveniencia, ¿te parece?

- **El Pueblo**: Me parece una delicia, un privilegio y un honor, socia. ¡Ya lo creo!

¡ Y EXIJO SOLIDARIDAD APASIONADA!

- **El Pueblo:** El problema con la solidaridad y el amor salvador de hoy es que se trata sólo de una moda, querida socia. A finales del siglo veinte, se puso de moda ser yuppie, cínico, competitivo y predador. Hoy todos hablan de amor, de solidaridad, de redes de voluntarios y de ONGs. Eso viviendo al margen de la sociedad oficial y coexistiendo pacíficamente con los grandes causantes de las crisis. Por ahora sólo podemos hablar, en lo que hace al amor entre los humanos, de una moda cíclica. Y lo peor de todo, justamente porque es tan sólo una moda, es que jugar a Caperucita Roja extasiándose ante el lobo y confundiéndolo con la abuelita inocente y amante, también está de moda. Se puso actual ser ingenuo, salvador, mesiánico también, me temo. Lo más probable es que la sociedad civil pueda tener en este momento la tentación de salvar esta civilización y entregársela de nuevo, saneada, a los mismos (tal vez con otras máscaras) que la terminaron de hundir.

Así que creo que aquí, más que en ningún otro tema, no está de más empezar por definir conceptos en lo que hace a ese sentimiento casi milagroso, capaz de obrar prodigios y de hacer mover montañas cuando el amor es real, auténtico; pero que se convierte en un síndrome de Estocolmo y en amenaza de sacrifico de los más puros e ingenuos cuando el amor es, como es el caso hoy, un manierismo social, la expresión de lo políticamente correcto, una anestesia que nos podríamos inyectar para dejarnos clavar la daga más hondo.

Yo, ya como Pueblo evolucionado –o al menos evolucionando-, he de denunciar e indignarme ante apelaciones que confunden amor y compasión. La compasión es preciosa, pero depende de la tristeza, del dolor por el sufrimiento de otro, de la voluntad de encontrar soluciones a los problemas y de participar de ellas. El amor tiene más que ver con la pasión, con la entrega a lo mejor del otro desde lo mejor de sí. No me puedo enamorar de las partes sombrías, enfermas, desorientadoras propias ni ajenas. Puedo compadecerme de ellas si es que no son lo suficientemente tóxicas como para amenazar mi integridad ni la de otros –porque en ese caso habría que temerlas-, pero no puedo amarlas. Puedo amar lo amable y sentir mucho que tenga un cáncer, pero no puedo ni debo enamorarme de su cáncer. Ni del mío.

Volviendo a la secuencia que defiendo como siendo biológicamente mía y nuestra, la única base válida del amor es la valía, la admiración por lo maravilloso ajeno y propio, por lo crecido y bonito. Habría que descontaminarse de esos tópicos de origen eclesiástico que sólo crean culpabilidad ante los que nos dañan y nos castigan -¡por nuestro propio bien, añaden!- e indiferencia ante lo realmente amoroso y solidario –que nos muestran como mera normalidad-. Véase, banalidad, pues si el amor, que es el prodigio más maravilloso se ve como banal, lo interesante, lo "misterioso", véase lo adictivamente fascinante sería entonces el mal ¿verdad? Y allí radicaría el gran peligro que corremos en este momento, el estar "enganchados" a la seudo "misión" de redimir a los malos, que ni siquiera vemos como a malos, sino como a "promesas" de convertirse en hijos pródigos. Este el mayor peligro social en este momento, te lo aviso, socia, por si me diera un rapto circunstancial de *fashion victim*.

Puestos a definir el amor y su expresión social, la solidaridad, yo diría que sería algo así como la capacidad innata de crear y crearse un espacio seguro en el que cada cual pueda ser o llegar a ser lo que nació para ser. Es decir, un espacio interior y exterior limpiamente compartido, en el cual todos podríamos no sólo conservar lo poco bueno que nos queda, sino recuperar lo mucho maravilloso que hemos perdido por el camino. Y todos los seres humanos han nacido para ser integralmente libres, felices y seguros –digo bien ser seguros, y no sólo vivir en seguridad, sino ser seguros y armónicos para los demás-. Y todo lo que viva sobre su mismo espacio, también nació para ser libre, feliz y seguro, ya sea esto los animales, las plantas, los mares, la atmósfera, el suelo que aramos o pisamos, o sea tú, amada socia. Tú sí que sabes amar sin confusiones ni culpas creadas para mantener autoridades rancias y castradoras.

En lo referente a lo social, las áreas privilegiadas de actuación en lo que hace a la depuración del amor y de la solidaridad, serían, creo yo, la familia –incluyendo a su máxima protagonista: la pareja-, la elaboración de leyes que protejan a la sociedad, la creación o mantenimiento de gremios dignos, las sociedades que protejan todo lo valioso y fomenten el sentido de pertenencia de sus integrantes, la unión a nivel internacional de conjuntos de países con señas de identidad compartidas y solidarias –no defensivas ni corporativistas, claro está-, la protección de grupos y de etnias social y culturalmente valiosas consideradas como patrimonio de la Humanidad, los programas de protección para sectores de edad –por ejemplo, esa maravilla que son los abuelos y las personas mayores-, y para actividades especialmente valiosas - como por ejemplo la artesanía y las recetas de cocina de la abuela-, o de origen étnico -por ejemplo la recuperación de la espiritualidad de los pieles roja americanos- o animal -como la protección de la ballena azul-.

Supongo que sobre estos temas relacionados con el amor y con la solidaridad, tú, socia, tienes mucho que decir y que aportar. Y me gustaría mucho oírte.

- **La Tierra:** Da gusto cómo te expresas. Pones en palabras lo que yo siempre experimenté integralmente. Estoy muy de acuerdo con tu definición sobre el amor y con las áreas de acción que apuntas. Y me llega muy adentro el que pienses que la base del amor debe ser la valía. Porque, como decíamos al hablar de secuencias, mi secuencia comienza en el amor y mi amor lo entrego a todo lo que hay, pues todo lo que hay es, evolucionado o creado, valioso para mí. Pero sólo me entrego y dejo prosperar lo que sí es bueno, pues si siembras en mí algo contra natura ni siquiera lo consideraría una semilla, y jamás lo dejaría convertirse en una selva que ahogue a su entorno. Simplemente lo ignoraría o, mejor aún, lo ahogaría en mí. Yo, desde mis miles de millones de años de edad, he amado siempre a todo lo bueno que me rodeaba y a todo lo que me habitaba, y desde hace muy poquito, poco más de dos millones de años, te he amado a ti más que a nada, pues siento que eras y eres, al menos de lo poco que conozco del Universo, lo más evolucionado y completo que existe.

Desde mi posición como planeta, veo el amor como la única energía capaz de sostener el Universo. De hecho, el amor es el único generador posible de neguentropía. Y sin él, ¿te imaginas siquiera que pudieras existir? Si el caos reinara en el Universo, si no existiera orden, ¿cómo es que existirías tal cual eres? y ¿cómo sería posible que estuviéramos dialogando si a la vez estuviéramos caotizándonos sin ton ni son, al arbitrio del mayor de los desórdenes? Yo te puedo decir una cosa que quizás consideres exagerada, pero no lo es: sin amor, no habría vida, sin amor, no habría más que la nada más absoluta.

Y descendiendo de nuevo terrenalmente, sin amor, no tendrías inteligencia, y sin inteligencia, no estarías hablando conmigo, ¿no?☺

Así que mal vamos si el amor es moda y no arte, como bien vio mi querido Erich Fromm... Para ti debe ser Arte; Arte sublime que viene de tu orgullo. Y arte es lo que haces dialogando conmigo y queriendo entregarte a todo lo bueno, a todo lo valioso, a todo lo que hay de maravilloso en la vida.

Cuando te entren dudas sobre el amor, dialoga con el mar, con mi mar que es el tuyo. Y maravíllate de sus movimientos y de sus colores, de su vida y de su fuerza, generosa e inacabable.

Y volviendo a las áreas de actuación que proponías, creo de especial relevancia proceder a que reaprendas de tus cachorritos, de los bebés, verdaderos maestros en el arte de amar, y proteger y alentar en ellos ese milagro que es el amor. Vuelvo a insistir en la educación básica, pero es que no tiene sentido desaprender para volver a aprender. Y además, te adelanto que con ello disminuiría en gran medida el número de sociópatas entre tus integrantes, pues la sociopatía es tan solo, y aunque parezca simplón, falta de amor.

¿Te parece correcta mi mirada sobre el tema, socio amado?

El Pueblo: Con tu permiso, te cito: "Desaprender para volver a aprender, no tiene sentido" ¡Qué bien lo formulas, socia de amor pleno! Y sí que tu mirada -pues los ojos son realmente el sentido del amor y por ello el espejo del alma- me parece maravillosa.

Y sí, también es cierto que los bebés deberían ser los maestros que nos enseñaran en permanencia que nacemos perfectos y que nada hay que hacer para ser felices, salvo no desordenar, no "caotizar" –como dices de modo tan impactante- lo perfecto. Y corresponde a la familia, a los padres, velar por que sus hijos no se sobre-adapten a la resignación, al derrotismo, que no les empujen a sacrificar, con tal de adaptarse a una secuencia social invertida, sus talentos y sus vocaciones. Pues por desgracia, la civilización que hemos creado aún no admira la valía, no admite los talentos excepcionales, no admite ser puesta en entredicho por la mirada pura y escrutadora de la niña del cuento El rey está desnudo. Por desgracia, en esta sociedad que estamos denunciando y que debemos asumir haber construido entre todos y deber reparar también entre todos, aún no se apuesta por el crecimiento y florecimiento de lo mejor de todos y cada uno. Preferimos aún proyectar sobre el otro la autocompasión y amar sus partes más enfermas y tóxicas, con buena conciencia sin darse cuenta que al final, no sólo mantenemos lo peor, sino que lo privilegiamos sobre lo mejor, que agotamos y sacrificamos al lobo de turno. Y eso me indigna también.

Pero la buena noticia es que estamos en una generación de puente y de alianza entre abuelos y nietos, y que los unos se potencian a los otros, unos con la sabiduría acumulada y otros con la frescura y vitalidad de lo intacto, de lo aún no dañado. Así, los padres, puestos en esa adorable tenaza, se verán obligados a optar por estudiar y aprender de sus cachorros y acatar las enseñanzas de sus propios padres, ilustrados por sus cachorros. En ese sentido la rueda del amor funciona ya en el buen sentido.

Además, volviendo a lo de la moda de ONGs salvadoras, la parte positiva es que la sociedad civil se ha dado cuenta de que puede suplir a las Instituciones y hacerlo mejor que ellas. Y eso ha permitido que pudiera confiar en sí misma para levantarse y salir a la calle mostrando su indignación.

Otra cosa positiva que hay que aplaudir es la legitimación, la institucionalización del amor esté donde esté y venga de quien venga. Hoy el adulterio ya no es factor causal de penalidades ni de culpas en un divorcio. Hoy los matrimonios entre gays o entre lesbianas tienen la misma valía y legitimidad que entre personas de inclinaciones más tradicionales, hoy la diferencia de edad ya no es vista con horror si es el hombre el que tiene veinte años menos que la mujer. Hoy ya se va a la cárcel por maltratar a un niño o a una mujer. Y todo será mucho más sólido y veraz cuando se acepte con alborozo que la pareja, que dos personas que se aman y deciden apostar juntos por su amor, tiene el estatus más alto e importante en la escala del amor.

Mucho más alto que el amor entre padres e hijos o que entre hermanos de sangre. Pues una pareja enamorada es la fuente de la vida, una bendición de amor eterno para sus hijos, hermanos, amigos, socios y padres. Un referente social, además. Esto aún está por conquistar sobre los tópicos sociales.

Otra cosa por descubrir y asumir, y aplicando nuestra secuencia biológica innata, son LAS EDADES DEL HOMBRE (y mujer, claro está). Sí, también a cada edad su necesidad dominante, inaplazable y específica. Esta revelación, socia, tal vez te sorprenda, pero te prometo que está más que meditada y fundamentada en la verdad de la vida. Atenderla y acatarla es amor en acción. Y también he de advertirte que por ahora, lo hacemos al revés. Verás:

🖑 Durante la gestación, la necesidad del feto es sentir la ALEGRÍA de su madre y de su entorno, porque un bebé es un regalo, es la gratuidad del milagro de la vida. Es pura celebración. Ninguna otra emoción es tan indispensable para el desarrollo seguro de una vida en ciernes.

🖑 Durante la primera niñez, la SEGURIDAD es inaplazable para el infante: saber quién es, verse reconocido y alentado en sus talentos especiales, tener seguridad en quienes son sus padres, su techo, sus horarios, en adquirir conciencia temprana de los límites que nadie puede franquear contra su integridad y que él también ha de respetar para que la vida familiar fluya en armonía. Esa es su sed existencial inapelable. Así actualiza y refuerza el DÓNDE de las cosas, y ya sabe por experiencia que lo mejor de sí está en sí mismo y no lo buscará ni dañará afuera.

👍 Durante la última niñez y la adolescencia, su sed existencial inextinguible es de DESARROLLO, de conocimientos, reflexión, información objetiva, comunicación motivadora, y también de desarrollar al máximo su sensibilidad y su inteligencia para que pueda multiplicar opciones y ser menos dependiente, menos simbiótico, más autónomo. Así interiorizará el QUÉ de las cosas, y sabrá relacionarlas y conectarlas de todas las formas posibles. Ya no dependerá de la caridad ajena y sabrá valerse por sí mismo de modo objetivo y jamás fantasioso.

👍 Durante la primera juventud ya necesita, más que nada, JUSTICIA, para rechazar valores y normas familiares y sociales, y establecer los suyos propios, elegir con quién quiere actuar su liderazgo y su sistema cultural. Así ya asumirá la responsabilidad de su propia vida, actual y futura, pues nadie se la habrá creado, ni impuesto. Así sabrá del CÓMO de las cosas y ni se dejará manipular ni manipulará a los demás. Será hacedor de valores y de cultura y ya tendrá interiorizado que es social y justo y que la unanimidad en el consenso para lo bueno –es decir, para lo sano-, es posible y deja de ser utopía.

✍ Durante la madurez, un ser humano está ya preparado para la TRANSFORMACIÓN CREADORA y para dedicarse a su propia obra, empezando a hacer de su vida su obra de arte mayor. Y así poder dejar rastro y ser no sólo útil sino insustituible para sí y para su entorno. De esta forma ya sabrá del POR QUÉ de las cosas y se dará cuenta de que hay que ir a la esencia y soñar imaginando la quinta esencia de lo bello, pues lo bello es lo verídico y lo perfecto.

✍ Durante la vejez, su prioridad y su preparación ya lo facultan para lograr, y conservar, la PERTENENCIA verdadera y allí se dará cuenta de que el amor de pareja es lo único insustituible, eterno, infinito y cálido para él. Y extenderá ese amor dichoso y realizado a la protección de sus nietos y al disfrute de sus amigos, entre los cuales estarán sus hijos. Así será maestro en el CUÁNDO de las cosas y sabrá deleitarse con lo esencial ya convertido en permanencia, compartiéndolo con los mejores del entorno. Será hogar y llama de esperanza y de retorno para su entorno.

👆 En la ancianidad, ya podrá acceder de verdad a la PLENITUD a través de sabiduría verdadera, de la espiritualidad y si se mantuvo veraz y fiel a su naturaleza, también al refinamiento y exquisitez de su vida sexual con su ancianita. Sí, y no es broma. Y prepararse para irse JUNTOS Y A LA VEZ de este mundo, dejando una imborrable estela de luz. De esta forma accederá al PARA QUÉ de las cosas, a su FINALIDAD y se convertirá en auténtico Sabio para el disfrute y gratitud de todos los que lo rodean.

Pero en la vida real, impuesta como ahora, yendo al revés de las necesidades biológicas más básicas y vitales de los seres humanos, vemos a niños educados con la ilusión de impunidad para todos sus caprichos, pero bajo la espada de Damocles de "disfruta ahora, niño, que ya verás lo que vale un peine luego"; adolescentes rebeldes y castrados que se enamoran de sectas urbanas para huir de las ídem familiares; jóvenes llenos de soberbia que creen que la juventud es un valor eterno y envidiado por sus mayores y que se tornan provisionales y competitivos predadores; adultos resentidos y desengañados que sólo disfrutan encontrando culpas y fallos tanto hacia los más jóvenes como en sus mayores, en sus padres en particular a quienes culpan de todos sus crónicos fracasos; viejos tristes, vencidos, derrotistas, pesados y resignados que todos desean abandonar en una residencia con sus iguales, y ancianos achacosos y aterrorizados, pues lograron quedarse solos y enfermos ya que ayudaron a mal morir a sus hastiadas parejas y se han convertido tan sólo en un peso muerto para sus dispersas familias. ¿Te extraña lo que te revelo aquí, socia querida que conserva intacto el ser abuela, madre y bebé, mi bebé ya seguro?

- **La Tierra:** Fíjate, querido Pueblo, que me sorprende pero no me extraña. Me sorprendo de lo novedoso y me sorprendo de cómo hemos evolucionado durante nuestras conversaciones hasta llegar a ver con esa nitidez la trayectoria natural, biófila, orgánica que cada ser humano lleva inscrita en su ser. No me extraña, pues en la Naturaleza, en ciertos animales evolucionados y en ciertos pueblos primitivos, se produce una trayectoria muy similar. Basta ver la vida de los elefantes o la de los delfines, para ver paralelismos sorprendentes con tu propuesta.

Sin olvidar que, en otras épocas, el llegar a anciano era un signo de sabiduría, y no como ahora, un molesto inconveniente familiar y social: En Números, libro del

Antiguo Testamento, aparece la creación del Consejo de Ancianos como iniciativa divina para ayudar a Moisés, y en las culturas de la Antigua Grecia y la Antigua Roma, el Consejo de Ancianos era un órgano consultivo importante que devino en lo que en las democracias modernas constituye el Senado. Por eso te insisto en recuperar lo bueno que como Pueblo ya has vivido. Y existen iniciativas actuales esperanzadoras a este respecto, como la creación en 2007 de "The Global Elders" con motivo del 89 cumpleaños de Nelson Mandela.

Y me indigna pensar en los millones de seres humanos que han ido y todavía van en esa perversa y contranatural secuencia, luchando toda su vida contra el fluir natural.

Ahora bien, descubierto el pastel, de la indignación deberíamos pasar a la alegría de descubrir una maravillosa verdad, la verdad sobre las edades del hombre. Y ya puestos, ¿no nos tocaría entonces pasar a esa sexta y última dimensión de los humano, la de la Plenitud, la de la verdad y la paz, la de la felicidad tuya y mía?

- **El Pueblo:** ¡Tú te has ya adelantado, con tu Consejo de Sabios y situada en esa alegría y en esa paz, que, no sé por qué, adivino de manera traviesa que son justamente, y "casualmente" tu vocación. Así que te escucho con toda atención.

Termino precisando, pues parece que no hemos hecho mención de las Instituciones que garanticen esa solidaridad apasionada que estamos exigiendo, que la función Legislativa en una sociedad evolucionada, no debería ser objeto de contiendas politiqueras sino de consenso solidario y apasionado y que bastaría una docena de especialistas de redacción y ejercicio de leyes para confeccionarlas. Así que propondría que ese **Comité Legislativo** dependa de un comité representativo compuesto por un representante de cada estamento (Consejo de Seguridad, Equipo Gestor, Cámara del Pueblo, Colegio de Creadores y dos representantes del Consejo de Sabios –estamento que veremos a continuación–). De este modo recibirán propuestas de leyes realmente funcionalmente necesarias y que emanen de los organismos especializados en garantizar la atención a mis necesidades y motivaciones reales. En caso de fricción o de mala comunicación se pediría el arbitraje del presidente del Consejo de Sabios. Así, la sociedad tendría leyes que verdaderamente me protejan y te protejan.

Otro problema y grande: yo no reconozco una Europa que conste de tan sólo la mitad masculina de la pareja que ha de conformar orgánicamente. Europa es lo que hoy existe,

MÁS su parte femenina, Rusia, y todos los países que ella nucleó durante el comunismo y antes también, durante la época zarista. Europa masculina es la creación de un Emperador maravilloso, Carlo Magno. Y también tiene todo su lado femenino que la adora y para quien es indispensable.

Quería dejar esas dos cosas claras. Sobre organismos internacionales de solidaridad y consenso creo que deberemos hablar en el apartado de alegría y de paz, pues si el objetivo supremo y la única finalidad de éstos no es la paz, no me sirven para nada.

¿Te parece correcto?

¡ Y EXIJO SABIDURÍA EN LA VERDAD !

- **La Tierra**: ¡Más que correcto socio de mi alma! Y sin dilación, pasamos a la sexta y última de las motivaciones universales humanas: La Plenitud.

Y sí, puede ser que ésta sea, "casualmente", mi vocación.☺

Te cito, página 59 de nuestras conversaciones: "PLENITUD: [...] el culto por la verdad y por la paz, únicos garantes de la vocación de felicidad del ser humano y tuya, o sea de todo el Universo creado y en evolución."

Yo diría que la vocación de felicidad es, no sólo un derecho del ser humano, sino también una obligación. Y quisiera antes de nada, indignada, denunciar las tan abundantes posturas escépticas, pesimistas, agoreras, necrófilas, que dicen que ser feliz es de retrasados mentales. Exponente claro de esta barbaridad es Sigmund

Freud, quien llegó a decir que "*existen dos maneras de ser feliz en esta vida, una es hacerse el idiota y la otra serlo.*". Si hay seres humanos que tienen la felicidad prohibida, es su problema -que pueden llegar a solucionar si quieren-, pero por favor, ¡que no se lo pasen al resto! ¡Que no te lo pasen a ti, querido Pueblo!

Y ya puestos, denunciar también a los relativistas, que muchas veces comparten también las posturas de los anteriores, y para los que la verdad no existe, sino que existen tantas verdades como seres humanos. Esta postura, que propugna que nada es objetivo, que todo depende del punto de vista, que todo es opinable e igualmente válido, y que llevada al extremo conduce a la locura de no distinguir lo real de lo imaginario -pues nada es real-, es un cáncer espiritual del ser humano. Y lo digo con conocimiento de causa, pues de relativistas estoy llena, de relativistas que se acogieron a este concepto para crear guerras, hambrunas, dictaduras, matanzas y atroces crímenes contra ti, amado socio. Con la excusa del relativismo, no existen los Derechos Humanos Universales, no existe la Democracia, no existe la Justicia, ¡¡no existe NADA!! Pues nada es verdad. Y eso es siempre pretexto para elegir el ego propio, es decir el jugar con el corazón ajeno y caer, en la ilusión –ella sí- de la impunidad y del egoísmo.

Pues bien, la verdad existe, los Derechos Humanos Universales existen, la Democracia existe, la Justicia existe. Las cosas son perfectibles, y de ello tratamos en nuestras conversaciones, pero existen, son y están aquí y ahora -y el que lo niega, o es loco, o es enloquecedor-. Y la perfectibilidad es, simplemente, acercarse a más verdad.

Y volviendo a la plenitud, tu, yo, las plantas y los animales, el Universo, estamos vivos. Y el simple hecho de estar vivos, es motivo de celebración alegre, ¿no?

¿Dónde están los impedimentos para ser feliz? ¿Qué impide al ser humano ser feliz? ¿Cómo hacer para que, de forma natural, todo ser humano tenga el derecho a la felicidad? Hemos ido desgranando los problemas que se te presentan y hemos ido aportando soluciones. Si consiguiéramos eliminar nuestra indignación adoptando dichas soluciones, ¿ya podríamos ser felices, tú, amado Pueblo y yo, Tierra?

- **El Pueblo:** ¡Caramba, socia amada! Creo que no me equivoqué en el diagnóstico de tu vocación de felicidad. Y, puesto a animarme y a confiar en mí en lo de diagnosticar bien, voy a soltar algo que tal vez te haga estallar de risa feliz ante esa verdad, o tal vez te choque, pero allá va: te voy a confiar el secreto mejor guardado de este Universo al que amamos apasionadamente los dos. No existen, como nos han convencido todos los científicos hasta hoy, cinco sentidos, sino seis. Existen los cinco tradicionales, y cada uno como antena que amplía, recibe y emite todas las señales para satisfacer una de esas necesidades y motivaciones humanas que ya hemos examinado, es verdad: el tacto, relacionado con la seguridad y el miedo; el oído, antena de la sensibilidad a la tristeza, y garante del desarrollo; el olfato, ligado a la rabia y a la justicia; el gusto, relacionado con la transformación y el orgullo creador; la vista, atada al alma regida por el amor y a la pertenencia, sí, pero el sexto sentido y más importante, ligado a la plenitud, a la felicidad, y a la verdad es el sexo. Y no me extraña nada tu gran sabiduría, aunque tú, como bien dices, posees sólo la mitad de las dimensiones humanas. Y mi afirmación se fundamenta en el hecho que tú estás haciendo el amor 24 horas al día con tu amado cielo, haciendo que para vosotros el día se torne noche de fusión y compenetración y la noche, día de comunión y de más unión verídica. No, no bromeo. Esa gente oscura y enloquecedora de la cual hablas, esa gente sin certezas, es sólo gente sin orgasmos posibles, porque la verdad es LUZ y orgasmo de nuestro espíritu. Y no sólo existe, sino que sólo ella existe. Nosotros somos embriones en formación, tropezando torpemente, de camino –a veces castrado ...- hacia ella.

Y perdona, querida socia, lo que te podría parece manía mía de definir. Esto va muy en relación con lo de esos locos de los cuales me hablas: si no definimos las cosas, podemos llegar a falsos acuerdos postulando que compartimos la misma definición de algo o a malentendidos evitables. La alegría, según la experimento, podría definirse como la capacidad innata de fluir en paz y en libertad para encontrar verdad y certezas. Porque la verdad no se busca, sólo se encuentra con el amor y la entrega apasionada y agradecida a lo válido y crecido. A más verdad, más alegría. Y a más alegría, más fusión con la verdad. La alegría nos lleva inevitablemente así, hacia nuestro camino de certezas sobre nuestra FINALIDAD existencial.

Y sí, su sentido es el sexo. Podríamos decir que la verdad es erótica mientras que ese relativismo del cual hablas es efectista, y falso, o sea, pornográfico, mecanicista y apagador de toda alegría, de todo excitante encuentro de finalidad -que bauticé VOCACIÓN-. Así que olvidémonos de él. Al fin y al cabo ese relativismo es sólo proyección de la vacuidad y confusión interiores.

Pero sí hay que afrontar una verdad máxima, que hoy en día, hasta los Indignados, sumergidos por encontrar culpables de lo que aún ven muchos como crisis y no como derrumbe de civilización, no ven ni relacionan aún: hoy toca el réquiem por todas las ideologías, y más aún por las mega-ideologías que han sido los máximos trombos e intermediarios entre el cielo, tu amado, y yo. Me refiero a las religiones. Llegó el fin de las religiones, y no por ser opio del pueblo, sino por ser eso mismo que, como adultos, no necesitamos ya, intermediarios entre la libre espiritualidad humana y el cielo.

Eso no impide y más bien exige, que yo ame apasionadamente y supongo que tú más -ya que sus huesos están en tu amoroso seno y sus vidas en tu inagotable memoria- a los seis fundadores de religiones monoteístas, esos seres sabios y excepcionalmente crecidos, esos seres transcendentes y maravillosos que nadie en su tiempo entendió, que sus iglesias mediatizaron, simplificándolos y las más de las veces traicionando sus palabras, sus vidas y sus mensajes y que al final sólo dividieron a los seres humanos y los siguen dividiendo, con el agravante de que es en sus venerables nombres. Amo a Moisés y amo a Jesús, amo a Mahoma y amo a Buda, amo a Zoroastro y amo a Maní, los amo entrañable y apasionadamente y creo que el Universo entero los adora y los hizo inmortales. Pero como seres humanos, crecidos, sabios maestros de la espiritualidad humana, no como mandato de sometimiento y de obediencia automática bajada a ti desde la voz de Dios, porque sería un Dios que negaría la Creación y la Evolución.

Pero, hoy por hoy, el ser humano quiere libertad y felicidad, es decir que su espíritu fluya y encuentre verdad de modo íntimo y personal. Como mucho, testimonial, que tampoco creo evidente. A nadie auténtico le gusta hacer el amor en público, ni mucho menos contar sus sensaciones, ni, menos aún, convencer a nadie de ellas, ni, aún menos buscar adeptos promiscuos para compartirlas con él. La espiritualidad es dominio alto y privado de cada ser humano. Y la espiritualidad así como las verdades que revela, se ven de modo más deslumbrante y sencillo a medida que alce más y más su vuelo y nos vea desde niveles cada vez más altos. Eso, creo yo, es la primera tendencia y verdad del futuro. Porque la alegría remite a la Infinitud, y por ende rige la visión de futuro, también. Lo perfectible jamás acaba, por definición. La verdad, tampoco.

Así, y sólo así el ser humano podrá trascender sus localismos y aspirar a reivindicar su verdadera identidad: la de ser UNIVERSAL.

A propósito de verdad ¡tengo tantas cosas que decirte! Quiero hablarte de la sabiduría y del Consejo de Sabios como máxima institución de la civilización bio-humanista que deseamos, quiero hablarte acerca de la necesaria fusión y complementariedad entre hombres y mujeres, reivindicando cada uno lo mejor de su devenir para asociarse con el otro, quiero hablarte del Consejo de niños, única institución en poder superar y llamar la atención al consejo de sabios, quiero hablarte de la sociedad futura que vislumbro claramente. Y de más cosas. ¿Por cuál empezamos querida socia?

- **La Tierra:** ¡Recórcholis, pardiéz y cáspita! ¡Y todas otras interjecciones de sorpresa que conozcas! ¡Has dado en el clavo! Nunca imaginé que llegaras a vislumbrar, a captar, como Pueblo, como ente colectivo, tu finalidad, tu sentido último. ¡Y creo que sabes cómo me alegro! ¡Y cómo se alegra el Cielo, ese cielo que casi siempre has considerado lejano, inasible, donde todos tus anhelos habitaban inaccesibles, que ahora, por arte de verdad, puede bajar a mí y estar aquí, con nosotros!

Y ahora sí, por fin, somos dos quienes te escuchamos y quienes te apoyamos, dos en quienes tienes a tus más firmes aliados, dos en uno, Cielo y Tierra, que somos Naturaleza y Vida, fluir permanente y espejo para ti de la FELICIDAD.

- **La Tierra y el Cielo:** Háblanos, querido Pueblo, háblanos pues encantados estaremos de ver aterrizar en ti lo que tantas veces te ha estado vedado. Y encantados estaremos de ver cómo esa dimensión considerada mágica, de "iluminados" o de "gurús", se convierte en humanamente normal y cotidiana. Y ¿por cuál empezar?, pues empieza por donde tú quieras, que somos todo atención.

- **El Pueblo:** ¡Lo tomaré, Cielo amado, de manera tan sólo testimonial: lo tomaré en sentido literal, como ese cosmos, esa atmósfera que respiro, ese soplo que, por amor y constancia, puede desplazar montañas y hacer mover océanos y dar a luz nuevas estrellas y galaxias! Y lo prefiero así. Así como siempre debió serlo y estarlo, en el silencio de mi verdad interior que se iluminó algo más con tu voz. Y sólo eso.

Pero como os manifestasteis los dos, hablaré de algo a imagen y semejanza vuestro: de mí mismo llegado a un estado de evolución más alto al cual ambos dos, hombres y mujeres, estamos cohabitando −no siempre viéndonos como deberíamos, ni entregándonos los unos a los otros como desearíamos− sin conocernos a nosotros mismos, y, por ende no valorando nuestras similitudes ni agradeciendo nuestras diferencias. Somos idénticos, sí, en cuanto derechos y estatus y motivaciones y necesidades y también finalidades, se refiere, SOMOS

SÓLO UNO en dos. Tradicionalmente, es verdad, se insistió sobre nuestras diferencias, y las hay, afortunadamente, y no hablo tan sólo del aspecto físico y del sentido de la verdad, el sexo. La hembra, como tal, tuvo que desarrollar más sus motivaciones y por ende establecer más conexiones neuronales hacia la seguridad, la justicia –y su corporalidad para llevar y alimentar a sus crías- y la pertenencia. El macho, también tuvo, en esa repartición de trabajo y de roles, que desarrollar más sus dimensiones de desarrollo, de creación y de espiritualidad. Así es y me abstendré de multiplicar ejemplos que sólo pretenderían abrir puertas abiertas desde siempre.

Pero una MUJER verdadera, que se aúpa a la dignidad de ser humana, ha sabido, en permanencia -al tiempo que preservaba sus tres dimensiones más tópicamente femeninas- desarrollar sus dimensiones de inteligencia, creación y espiritualidad como pasión existencial de su género. Y un HOMBRE digno de este nombre ha hecho lo propio con el desarrollo vocacional de sus supuestas dimensiones femeninas. Desarrolló máximamente su capacidad de respeto, justicia y amor universal. Hoy en día ya toca que ambos se reconozcan como amigos, socios, esposos vocacionales y que lo compartan todo al mismísimo nivel de compromisos y de retribuciones. Ya llegó el fin de la lucha de géneros, el fin de contrincantes míticos que se amenazan mutuamente con demostrar al otro que podrían perfectamente vivir mejor diseñando -por despecho y deprecio- un mundo amputado de la MEJOR mitad de sí.

El que el tercer milenio pueda ser, como amenaza querer ser, el milenio de la mujer para compensar y equilibrar cinco milenios secuestrados por el hombre, sería tan sólo pérdida de tiempo y de energía. Y de oscuridad para el espíritu. Y de desorientación para los niños, esos sabios que deberían regir nuestra sociedad y tener el insigne privilegio de ser consultados por ese Consejo de Sabios y hasta de amonestarlos si falta hiciere.

El **CONSEJO DE SABIOS** debería ser, sin distinción de edades, sexo, nacionalidad, credos ni colores, el órgano supremo de cada Nación. La diferencia entre un sabio y un genio –aunque el Sabio pueda ser también un genio- es que el sabio es más espiritual porque accedió a un nivel más alto de VERDAD. Así, el sabio trasciende la seguridad para transformarla en armonía, transforma el desarrollo en claridad, la justicia en corporalidad porque escucha a su cuerpo y éste le aleja de mentiras y de vampiros, transforma la creación en mutación evolutiva, la pertenencia en benevolencia, y la espiritualidad en sabiduría de las certezas llenas de gratitud y de deseos de jamás tener razón y de siempre desear dársela al otro.

La selección de esos sabios será difícil porque tendremos muchos dinosaurios como candidatos. Pero es inevitable llegar a hacernos regir por esa institución de honda raíz histórica, y más en una era de puente entre abuelos y niños. Ese consejo no debería tener poder formal alguno, y detentaría tan sólo el derecho de hacer amonestaciones y recomendaciones orientativas, publicitadas, eso sí, por todos los medios de comunicación y por el boletín oficial del estado. Tres amonestaciones de ese órgano supremo equivaldrían a un veto moral para seguir ocupando un cargo oficial en cualquiera de los estamentos que anteriormente proponemos. Y dos recomendaciones serían garante de estar frente a un sabio, aunque de un barrendero analfabeto se tratara.

Y sólo la **Asamblea Nacional de Niños** -y como se trata de niños huelga precisar que eso de "nacional" sería precisamente para indicar que en ella caben y señorean todos los colores, credos y nacionalidades de cada país- podría enmendarles la plana. Y esa asamblea sería elegida por partes iguales por el Consejo de Seguridad, el Colegio Creador y el Consejo de Sabios. La elección del Consejo de Sabios se haría por recomendación y consenso del Colegio de Creadores y del Consejo de Seguridad que someterían a la Cámara del Pueblo a sus candidatos y esa elección debería seguir un único criterio: el que cada miembro de esas instituciones se haga una sola pregunta: ¿Me encantaría, de mayor o en alguna vida soñada, ser como ellos o, más aún, haber tenido a esas personas como abuelos? Si consultan al niño que aún duerme y vive en ellos, sabrán elegir a los mejores. ¡Ojalá en algún momento hubiera en esos Consejos de Sabios personas como Martin Luther King, Gandhi, Mandela, Gorbachov, o el Rey Juan Carlos I!

A nivel internacional, y más en una era donde la interrelación virtual planetaria es instantánea, tan sólo el **Colegio Internacional de Creadores** y el **Consejo Internacional de Sabios** deberían regir las relaciones entre países, porque así sí el Pueblo como tal existiría y construiría su propia civilización, su BIO-CIVILIZACIÓN.

Y esto no es utopía, es sólo visión de futuro del bueno, del que abre la puerta por fin al infinito como único lugar seguro. Cuanto antes lo veamos y nos unamos todos para construirlo, mejor nos irá.

- **La Tierra:** Querido socio, ¡el futuro es tuyo! Mejor dicho, ¡el futuro es nuestro!

Tus ideas son brillantes y auguro que así hecho, la paz y la felicidad serán una constante.

Me queda agradecerte la confianza que en mí has depositado a lo largo de nuestras charlas y me queda felicitarte.

Agradecerte que me hayas querido escuchar, que me hayas tratado con el respeto y el cariño que creo será ya la tónica, que me hayas hecho sentir que me amas y que harás lo posible por cuidarme y protegerme, que me hayas enseñado tantas cosas y me hayas hecho ver que tu esplendor puede llegar a ser el mayor esplendor sobre mí, y que yo crezca y evolucione de tu mano. Siento como un enorme privilegio que tú, con tus seis dimensiones, me hayas hecho partícipe a mí, con sólo tres, de tu evolución. Y a lo largo del camino también yo he evolucionado, de tu mano. Gracias a ti, ya no caeré más en el amor indiscriminado, ni en la falsa alegría ni en la falsa seguridad. Me has hecho ver, y te lo agradezco infinito, que, para que todo fluya en paz, cada cual debe estar alerta para tener sus dimensiones balanceadas y alimentadas con la emoción correcta.

Y felicitarte, pues me siento como la madre a la que el hijo deslumbra, la abuela que ve al nieto triunfar y a la que se le llenan los ojos de lágrimas de felicidad al sentir que al nieto le llega un futuro seguro y en paz. Así que no te extrañe si, según te cuento esto, sientes la lluvia sobre tu piel. No te preocupes, es mi lloro de gozo y de gratitud.

Tu indignación inicial ha ido progresando hasta alcanzar una visión de futuro ambiciosa, pero realista, pacífica y natural. A partir de ahora, sabes que cuentas conmigo como una amiga y una socia para siempre.

Así que, ¡aquí, ya, tenemos el AHORA QUÉ!